Emrich, Schneider, Zedler

Welche Farbe hat der Montag?

Hinderk M. Emrich
Udo Schneider
Markus Zedler

Welche Farbe hat der Montag?

Synästhesie: das Leben mit verknüpften Sinnen

mit Textdokumenten
von 13 Synästhetikern

mit einer Einführung
von Richard E. Cytowic

3., komplett überarbeitete
und neu gestaltete Auflage

HIRZEL

Für die finanzielle Unterstützung der Synästhesie-Forschung in Hannover gebührt dem Institut für Grenzgebiete der Psychologie und Psychohygiene, Freiburg, großer Dank.

Bibliografische Information der Deutschen Nationalbibliothek
Die Deutsche Nationalbibliothek verzeichnet diese Publikation in der Deutschen National-bibliografie; detaillierte bibliografische Daten sind im Internet unter http://dnb.d-nb.de abrufbar.

3., komplett überarbeite und neu gestaltete Auflage 2022
ISBN 978-3-7776-2941-4 (Print)
ISBN 978-3-7776-3139-4 (E-Book, Epub)

Birkenwaldstraße 44, 70191 Stuttgart
Printed in Germany

Einbandgestaltung: deblik, Berlin
Satz: Satzpunkt Ursula Ewert GmbH, Bayreuth
Druck und Bindung: CPI books GmbH, Leck

Inhalt

Hinter dem Vorhang:
Synästhesie und Subjektivität

Vor fast einem Jahrzehnt drehte ein Hamburger Fernsehproduzent hier in Washington D.C. einen Film über Synästhesie. Nach der Sendung riefen so viele Zuschauer beim Sender an, dass der Produzent nicht wusste, was er mit den Anfragen machen sollte. In der Hoffnung, die Leute loszuwerden, fragte er: »Beschäftigt sich in Deutschland irgendjemand mit Synästhesie?« Damals interessierte sich die etablierte Wissenschaft noch nicht für dieses Thema. Auf gut Glück schlug ich ihm vor: »Versuchen Sie es doch einmal an einer Medizinischen Hochschule«, auch wenn ich wusste, dass er wahrscheinlich niemanden finden würde, der schon einmal von Synästhesie gehört hatte.

Was ich damals nicht wusste: Es gab doch jemanden, Professor Hinderk Emrich. Das Schicksal wollte es, dass die Nachfrage ihm zu Ohren kam und sein Interesse weckte. Als wir uns im November 1999 bei einer Fachtagung in Wolfenbüttel erstmals begegneten, redeten wir wahrscheinlich über sämtliche Themen der Neurologie, die uns gemeinsam interessierten, nur nicht über Synästhesie. In seinem Vortrag erzählte Dr. Emrich, dass ihn die Synästhesie immer mehr anzog – das entsprach genau meinen eigenen Erfahrungen: Bei jedem neuen Bericht in den Medien schienen Synästhetiker aus irgendwelchen Verstecken zu kommen. Sie waren ganz erstaunt, dass es für ihre Erfahrungen einen Begriff gab, und baten um »weitere Informationen«. Solche Informationen waren allerdings nicht verfügbar. Genau das veranlasste

Emrich dazu, angesichts des Ansturms von Synästhetikern mit seinen Mitarbeitern verschiedene Experimente zu entwerfen. Der Forschungsschwerpunkt entwickelte sich weiter und schließlich entstand das »Synästhesie-Cafe«.

Als Emrich in seinem Vortrag den Namen des Fernsehproduzenten erwähnte, Volker Lange, wurde mir plötzlich klar, dass ich es war, der dem Forscherteam in Hannover so viel Arbeit verschafft hatte. »Ah, Sie hat es getroffen!«, stieß ich hervor. Er hatte sich den Spaß gemacht, mir vorher nichts über diese Zusammenhänge zu erzählen. In der Zwischenzeit ist Deutschland glücklicherweise zu einem Zentrum der Synästhesie-Wieder-entdeckung geworden, daher trifft es sich sehr gut, dass jetzt ein aktuelles Buch zu diesem Thema in deutscher Sprache erscheint. In der 300-jährigen Geschichte der Synästhesie-Forschung gab über viele Jahrzehnte nur wenige deutsche Publikationen, die den Umfang eines Buchs erreichen. Eine davon ist Argelanders *Das Farbenhören und der synästhetische Faktor der Wahrnehmung*. Das Werk erschien im Jahr 1927, als das Verständnis vom Bau des Gehirngewebes und vom Bewusstsein sehr dürftig war, wenn man es mit unserem heutigen Wissen vergleicht. Psychologische Vorstellungen waren voll von Assoziationen – und mit der damals verbreiteten Vorstellung von der Arbeitsweise des Gehirns konnte man nicht einmal einfache Reflexe und Sinneswahrnehmungen richtig erklären, geschweige denn Erkenntnis und subjektive Erfahrungen.

Professor Hinderk Emrichs Buch präsentiert nicht nur den Standpunkt der modernen Neurowissenschaft zum Rätsel Synästhesie; es wagt sich auch in philosophische Randgebiete mit der Frage, was Synästhesie für diejenigen (die meisten) Menschen bedeutet, die die Erfahrung der verknüpften Sinne nicht kennen. Dazu gehört zuerst die Frage: »Wie sieht das Leben eines Synästhetikers aus?« und als Zweites die Erforschung der Verbindung von Synästhesie und Bewusstsein mit subjektiver Erfahrung. Wir versuchen also, als Außenstehende die Erfahrung einer bestimmten Person zu verstehen – keine einfache Aufgabe. Dass Dr. Emrich die Phänomenologie der Synästhesie, das »Was erlebt man dabei?«, so ausgiebig beschreibt, ist eine erfrischend ungewöhnliche Darstellung; normalerweise besteht die Wissenschaft auf so genannten »objektiven Daten«.

Meist stellt man sich intuitiv vor, dass Synästhesie durch »gekreuzte Leitungen« entsteht oder ein »Wortgefecht« zwischen Nervenschaltungen, die für verschiedene Sinne zuständig sind, darstellt. Diese Erklärung trifft aus verschiedenen Gründen nicht zu, ja, die Vorstellung ist so abwegig, dass man sie nicht einmal als falsch bezeichnen kann. Dagegen schlägt Emrich vor, dass eine Gefühls-Brücke im limbischen System beteiligt ist; sie verbindet nicht nur verschiedene Eigenschaften von Gegenständen unseres Alltags (z. B.: rot + rund = Apfel oder: gelb + süß = Honig), sondern auch »unpassende« synästhetische Verknüpfungen wie salzige Musik, blauen Wein und eine gezackte, stachelige Stimme. Wenn das limbische System an der Beurteilung von Wahrnehmungen und der Herstellung von Zusammenhängen beteiligt ist, bedeutet das auch, dass die neuronalen und seelischen Prozesse, die der subjektiven Erfahrung und dem Bewusstsein im Allgemeinen zugrunde liegen, stärker berücksichtigt werden müssen. Synästhesie ist nämlich an grundlegenden Abläufen bei gnostischen und noetischen Erfahrungen beteiligt.

Emrich betrachtet das menschliche Gehirn nicht als rationale logische Maschine, wie es mittlerweile klischeehaft getan wird, sondern zeigt uns stattdessen, dass selbst der einfachste Gedanke oder die banalste Erfahrung im Alltag aus einer großen Vielfalt von Bedeutungen, Bezügen, Zusammenhängen und Gedächtnisinhalten zusammengesetzt ist. Während der Zauberer von Oz rief: »Beachte den Mann hinter dem Vorhang nicht!«, lenkt Emrich unsere Aufmerksamkeit weg von Logik und Verstand – die nach einer häufig vertretenen Ansicht den Menschen ausmachen sollen. Er zieht den Vorhang auf und enthüllt so ein wenig mehr von der Fülle der Vorgänge, die in unseren Köpfen ablaufen.

Dadurch kann der Leser verstehen, wie Wahrnehmung funktioniert – durch Auswahl der Information, Aufbau eines Ganzen und Interpretation. Das menschliche Gehirn ist keineswegs eine passive Masse, die auf Signale von den Sinnesorganen wartet; es erforscht die Welt aktiv und konstruiert seine eigene Wirklichkeit, indem es sich selbst

Reize sucht, die es dabei verwenden kann. Diese Leistungen werden durch Teile des limbischen Systems ermöglicht, die alles auf Wichtigkeit und Plausibilität prüfen und die zentrale Schnittstelle zwischen Gedächtnis und Wahrnehmung bilden. Wie der Leser feststellt, ist das limbische System – das den Informationen Gefühl und Bedeutung gibt und sie beurteilt – an allen Wahrnehmungs- und Erkenntnisvorgängen beteiligt. Obwohl viele Menschen meinen, dass ihre Gedanken und Wahrnehmungen in einem ganz abstrakten Sinn entstehen, ist das niemals wirklich der Fall: Sie enthalten immer auch mitlaufende Beurteilungen und Gefühle. Wenn wir das begriffen haben, erkennen wir, dass wir alle durch die Erforschung der Synästhesie etwas sehr Grundlegendes über uns selbst erfahren.

Richard E. Cytowic

Prof. Dr. Dr. Emrich, der Initiator und Autor der ersten Auflage, verstarb vor wenigen Jahren. Seine Tochter Lydia und seine beiden akademischen Schüler Markus Zedler und Udo Schneider wollen mit der 3. überarbeiteten Auflage des Buches »Welche Farbe hat der Montag« seine Bemühungen um das Thema »Synästhesie« in seinem Gedenken fortsetzen.

TEIL 1
THEORIE

Eigenartige Wirklichkeiten

Wir sind es in unserem Leben gewohnt, die Dinge beim Namen zu nennen. Das Leben führen heißt, es ordnen. Dazu gehört, dass Menschen sich miteinander über Gegenstände und deren sinnliche Wahrnehmung verständigen können. Wenn eine Eigenschaft nicht zu einem Gegenstand passt, erscheint uns die Beschreibung unsinnig. Ein roter Apfel ist nicht C-Dur-artig und ein Riesling-Wein schmeckt nicht blau. Gleichwohl gibt es Menschen, bei denen solche Zuordnungen nicht nur möglich sind, sondern bei denen sie sogar einen wichtigen, integralen Bestandteil des Wahrnehmungserlebens darstellen. Solche Menschen heißen »Synästhetiker«; von ihnen soll dieses Buch handeln.

Synästhesie ist für alle Menschen, die erstmals damit konfrontiert werden, eine frappierende, ungewöhnliche und beeindruckende Erscheinung. Sie sind so beeindruckt von der Vermischung der Sinnesqualitäten, weil ihnen dabei – in ähnlicher Weise wie bei der Wahrnehmung von Illusionen – deutlich bewusst wird, wie subjektiv unsere Wahrnehmung ist. Jeder von uns lebt in seiner eigenen Wahrnehmungswelt; in gewissem Sinne hat die subjektive Wahrnehmung sogar einen hermetischen, verschlossenen Charakter.

Synästhesie wird auch als »Vermischung der Sinne« bezeichnet. Darunter versteht man, dass es bei Stimulation *einer* Sinnesqualität – beispielsweise des Hörens oder des Riechens – zusätzlich in *einer* anderen Sinnesqualität, wie dem Sehen von Farben oder von geometrischen Figuren, zu einer Sinneswahrnehmung kommt. Am häufigsten ist dabei das so genannte »farbige Hören« – auch als Farbenhören, »Audition coloree« und »coloured hearing« bezeichnet. Dabei führen Geräusche, Musik, Stimmen, ausgesprochene Buchstaben und Zahlen typischerweise zur Wahrnehmung bewegter Farben und Formen. Sie werden von den Betroffenen in die Außenwelt oder auch ins Kopfinnere projiziert. Auf einem »inneren Monitor«, der allerdings keine räumliche Begrenzung aufweist, erscheinen dann meist vorbeilaufende farbige Strukturen, Kugeln oder langgestreckte vorüberziehende dreidimensionale Gebilde mit charakteristischen Oberflächen, beispielsweise samtigen, glitzernden oder auch gläsernen oder metallischen Flächen. Welche Sinneseindrücke erscheinen, steht bei den so genannten »genuinen Synästhetikern« in einem direkten Zusammenhang zu den akustisch wahrgenommenen Sinneseindrücken. Die gleichen akustischen Reize rufen immer die gleichen Farben, Bilder, Formen oder Oberflächen hervor.

Berühmt geworden ist ein Synästhetiker, der dem amerikanischen Neuropsychologen Richard E. Cytowic anlässlich einer Party auffiel. Er beschrieb anderen Gästen seinen geschmacklichen Sinneseindruck in geometrischen Strukturen. Der Neuropsychologe horchte interessiert auf und erfuhr durch seine Nachfrage, dass dieser Partygast eine sehr differenzierte geometrische Geschmacks-/Geruchs-Synästhesie aufwies. Er konnte präzise geometrische Figuren beschreiben, die er bei bestimmten Aromen wie Hähnchengeschmack und anderen komplexen Geschmacks-Geruchs-Kombinationen in immer der gleichen Weise sah.

Menschen, die Gerüche als Farben wahrnehmen oder bei denen Wörter zu Geschmacksempfindungen führen, sind besonders selten. Zweifellos am häufigsten kommt die Ton-Farbe-Synästhesie vor. Dabei löst nicht nur das gehörte, sondern auch das gelesene oder sogar das nur gedachte Wort bzw. der Buchstabe oder die Zahl ein damit quasi fest verbundenes synästhetisches Farberlebnis oder das Erlebnis geformter Farbe aus. In der Biographie der Synästhetiker ist ein frühes Erlebnis von so etwas wie *Einsamkeit* charakteristisch. Sie entdecken nämlich, dass es eine private Wahrnehmungswelt gibt, die andere Men-

Repräsentation eines inneren synästhetischen dreidimensionalen Objekts, das über den inneren Monitor hinwegfährt (Zeichnung von Gisela Giese)

schen nicht haben, andere Menschen nicht kennen und über die man sich nicht verständigen kann – ja über die man am besten nicht spricht, die man geheim hält.

So erleben Menschen, die mit dem Phänomen der Synästhesie begabt sind, eigentümliche Wirklichkeiten. Einer von ihnen berichtet beispielsweise: »Wenn ich Musik höre, dann nehme ich das farblich *und* räumlich wahr. Auch Zahlen nehme ich räumlich wahr, aber nicht in diesen Funktionen, die sie haben, als 3er-Pack oder 4er-Pack, sondern das sind Treppen oder Fluchten, die sich entwickeln, Dimensionen, die sich entwickeln. … Dies war bei mir schon als Kind so, es ist eine Konstante meines Lebens … überstark war es in der Pubertät.«

Ein anderes Beispiel ist eine Frau, die den Geschmack eines Weines mit Farben assoziiert. Gelegentlich kommt es zu Auseinandersetzungen mit ihrem Ehemann bezüglich der Farbe des eingeschenkten Weines. »Wie kannst du mir den Wein geben, der schmeckt ja völlig blau, den kann ich nicht vertragen und du weißt das. Kann ich bitte schön grünen Wein haben? Da gibt es eine neue Rebe, Scheurebe, die mag ich gern, die geht grün/orange, die hat schöne warme Töne, die kann ich vertragen. Die blauen Weine kann ich nicht vertragen, die sind auch bitter.«

Für die meisten betroffenen Menschen ist Synästhesie unidirektional, das heißt, wenn ein Buchstabe eine bestimme Farbwahrnehmung hervorruft, dann ruft umgekehrt diese Farbe nicht automatisch den entsprechenden Buchstaben hervor.

Obwohl verschiedene Individuen die gleiche Form der Synästhesie entwickeln können (z. B. Buchstabe-Farb-Synästhesie), ist die Übereinstimmung bei den synästhetischen Wahrnehmungen gering; für die einzelnen Buchstabe-Farb-Synästhetiker haben die gleichen Buchstaben ganz unterschiedliche Farben. Man wird also kaum auf zwei Synästhetiker treffen, die bei einem Buchstaben eine völlig identische Farbe wahrnehmen.

Obwohl die Übereinstimmung zwischen Synästhetikern (inter-individuell) gering ist, findet man bei den einzelnen Personen (intra-individuell) eine sehr hohe Beständigkeit. So sehen die Betroffenen beispielsweise bei einem Buchstaben immer die gleiche Farbe. In einer Studie wurde verglichen, wie dauerhaft die Farbwahrnehmungen von Synästhetikern im Vergleich zu Nicht-Synästhetikern sind. Dabei mussten die Versuchspersonen bestimmten Buchstaben und Wörtern Farben zuordnen. Nach einer Woche konnten nur noch 38 % der Nicht-Synästhetiker sagen, welche Farben sie bei den Buchstaben/Wörtern ursprünglich genannt hatten, während dies 92 % der Synästhetiker noch nach einem Jahr konnten (Baron-Cohen et al. 1993). Dies spricht dafür, dass die synästhetischen Wahrnehmungen sehr stark festgelegt sind. Synästhetiker beschreiben diese – z. B. die Farben – ganz genau und versuchen, die spezifischen Besonderheiten herauszustellen (z. B. bläuliches Grau).

Wie häufig synästhetische Wahrnehmung in der Bevölkerung vorkommt, ist unklar. Nach den Untersuchungen von Baron-Cohen et al. (1996) ist eine Person von 2000 betroffen, während Cytowic von einer geringeren Häufigkeit (1:2000-1:25000) ausgeht (Cytowic 1989, 2002a, b). Die Gründe für die Differenzen sind sicherlich vielschichtiger Natur. Zum einen ist die Definition von Synästhesie und damit die Kriterien, nach denen Probanden in die Studien eingeschlossen wurden, nicht eindeutig (z. B. ist es fraglich, ob so genannte Randgruppen-Synästhesien mit aufgenommen werden sollten, vgl. »Wahrnehmung mit viel Gefühl«), zum anderen lagen einige Jahre zwischen den Untersuchungen. Die ersten Ergebnisse von Cytowic wurden bereits 1989, die Daten von Baron-Cohen et al. erst 1996 publiziert. Da viele Synästhetiker ihre besondere Eigenschaft aus Furcht vor Stigmatisierung und Unkenntnis für sich behalten, wäre es denkbar, dass mit zunehmender Bekanntheit des Phänomens auch die Bereitschaft steigt, sich dazu zu bekennen. Nach Schätzungen unserer eigenen Arbeitsgruppe liegt die Häufigkeit der so genannten genuinen (echten) Synästhesie zwischen 1:500 und 1:1000. Andere Untersuchungen weisen darauf hin, dass Synästhesie das Erleben und Ausleben von Kreativität erleichtern kann. So finden sich im Unterschied zu der Häufigkeit der Synästhesie in der Allgemeinbevölkerung in bestimmten Bevölkerungsgruppen deutlich erhöhte Prävalenzzahlen. Domino publizierte (2009) eine Studie zur Häufigkeit von synästhetischem Erleben bei Studierenden der Kunst. In dieser Studie berichteten 23 % der untersuchten Kunststudierenden eine spontane und konsistente Synästhesie. Untersuchungen, die Messinstrumente zur Erfassung von Synästhesien anwendeten zeigten bei den Graphem – Farbsynästhesien auch eine erhöhte Prävalenz bei Kunststudierenden von 7 % im Vergleich zu einer Kontrollgruppe mit 2 % (Rothen et al. 2010).

Geschichte der Synästhesie und ihre Bedeutung in der Kunst

Der Begriff »Synästhesie« ist in der Medizin seit mehr als 300 Jahren bekannt. Wie viele andere subjektive Erlebnisqualitäten des Menschen wurde das Phänomen der Synästhesie insbesondere in den Jahren zwischen 1860 und 1930 lebhaft untersucht und diskutiert.

Bereits der englische Philosoph John Locke beschrieb 1690 in seinem Aufsatz *Essay concerning human understanding (Aufsatz über den menschlichen Verstand)* einen weisen Blinden, der die Farbe Purpur mit dem Klang einer Trompete vergleicht. Thomas Woolhouse, ein Augenarzt, berichtete 1710 von einem blinden Patienten, der Farbeindrücke schilderte, die durch Töne hervorgerufen wurden. Sehr ausführlich untersuchte der britische Naturforscher Francis Galton im Jahr 1883 Personen mit synästhetischen Wahrnehmungen. Das Phänomen wurde um die Jahrhundertwende ausgiebig und teilweise akribisch beschrieben.

Am Anfang des 20. Jahrhunderts gewann der Behaviorismus immer mehr an Bedeutung, der die Psychologie auf das objektiv beobachtete Verhalten gründete. In dieser Zeit akzeptierten viele Wissenschaftler subjektive Erfahrungen nicht als geeignetes Mittel für ihre Studien und Untersuchungen. Daher geriet das Phänomen Synästhesie in Vergessenheit bzw. eigentlich wurde es verdrängt, bis man es in den 80er-Jahren wieder neu entdeckte – Vorreiter war dabei der amerikanische Neuropsychologe Richard E. Cytowic.

Synästhesie wurde zu unterschiedlichen Zeiten verschieden definiert. In mehreren Bereichen wie Musik, Kunst, Literatur, Linguistik und Naturphilosophie tauchte das Phänomen irgendwann auf und erregte Interesse. So veröffentlichte im Jahr 1890 Ferdinand Suarez de Mendoza das Buch *L'audition coloree* und 1927 publizierte Annelies Argelander ihr Werk *Das Farbenhören und der synästhetische Faktor der Wahrnehmung.* Besondere Aufmerksamkeit widmeten beide Autoren dem so genannten »Farbenhören«, der häufigsten Form der Synästhesie. Auch Goethe beschrieb in seinem 1832 veröffentlichen Werk Faust II synästhetische Wahrnehmungsinhalte (Ausruf Ariels, als ungeheures Getöse das Herannahen der Sonne – »Welch Getöse bringt das Licht« – verkündet).

Mitte des 19. Jahrhunderts hatte die Synästhesie starken Einfluss auf die Kunstszene. Charles Baudelaire (1821-1867), ein Vorläufer der Symbolisten, hat in seinen zahlreichen Gedichten die Entsprechung von Tönen, Gerüchen und Farben bewusst eingesetzt. Er entwickelte den Gedanken, dass Sinne ineinander übersetzt werden können. Die Sinneseindrücke *einer* Modalität (z. B. Riechen, Hören) hätten dadurch auch ihre Entsprechung in *anderen* Sinnesqualitäten. Der Synästhesiebegriff, den Charles Baudelaire verwendet hat, ähnelt dem der Psychologen Lawrence E. Marks und Robert D. Melara: Er beschreibt ein Phänomen, das man als intermodale Analogie bezeichnen kann – zwei Sinnesmodalitäten werden in Bezug zueinander gesetzt. Als Charles Baudelaire seine berühmten Gedichte schrieb, waren auch Konzerte sehr beliebt, bei denen die Musik von Licht begleitet wurde. Lichtorgeln, die direkt mit der Musik in Verbindung standen, sollten die Verschmelzung von Hören und Sehen für den Konzertbesucher erlebbar machen. Der russische Komponist Alexander Skrjabin komponierte 1910 die Synästhesie-Sinfonie *Prometheus* für Orchester, Piano, Orgel und Chor. Dabei kam auch eine Lichtorgel zum Einsatz. Die Illuminationseffekte erreichten ihren Höhepunkt in einem hellen Licht, das von den Betrachtern als schmerzhaft empfunden wurde.

Eine Verbindung zwischen Musik und Farben stellte auch der Komponist Nicolai Rimski-Korsakow her. Er war der Auffassung, dass die Note F grün sei. Seine Farbassoziation beruhte darauf, dass er diesen Ton häufig in pastoraler Musik verwendete und dabei stark an grüne Blätter und Gras erinnert wurde; diese Assoziation wird verständlich, wenn man seine Biographie kennt. Der Maler Wassily Kandinsky (Blauer Reiter) experimentierte mit der harmonischen Verbindung zwischen Klang und Farbe. Seine Oper *Der gelbe Klang* aus dem Jahr 1912 war eine spezielle Mischung aus Farbe, Licht, Tanz und Ton.

Anfang des 19. Jahrhunderts dachte man, dass mit der Synästhesie ein direkter Zugang zum Unbewussten erlangt werden könne. Ein Dichter, der ganz besonders über synästhetische Wahrnehmung berichtete, ist Arthur Rimbaud (1854-1891). Er gehörte zu den Symbolisten, die individuelle Emotionen und Wahrnehmungen durch subtile und suggestive Verwendung einer hochgradig symbolisierten Sprache mit extremer Authentizität zu vermitteln versuchten. Vladimir Nabokov (1899-1977) beschrieb in seiner Autobiographie *Speak, Memory (Erinnerung, sprich)* Farben, die er mit Buchstaben in Verbindung brachte. Er empfand die Farben nicht beim Hören gesprochener Sprache, sondern ausschließlich bei der Wahrnehmung der Buchstabenformen. In diesem Zusammenhang berichtete er auch davon, dass das Phänomen in seiner Familie mehrfach vorkam. Der Komponist Olivier Messiaen (1908-1992) empfand Tonkomplexe als visuelle Eindrücke:

». sanfte Kaskaden von blau-orangefarbenen Akkorden.«, die sich mit der Musik bewegten.

Trotz der sehr eindrücklichen Hinweise liegt in all den oben erwähnten Fällen kein eindeutiger Beweis vor, dass die geschilderten Wahrnehmungen einer genuinen Synästhesie im Sinne der Definition von Cytowic entsprangen. Ein genuiner Synästhetiker ist der Komponist György Ligeti (geboren 1923), der seine Wahrnehmungen in Interviews beschrieb. Künstler sind allgemein hin kreativer als andere Menschen. Aber gibt es auch einen Zusammenhang zwischen Kreativität und Synästhesie? Die o.g. Prävalenzzahlen zur Häufigkeit von Synästhesien deuten darauf hin, dass es einen Zusammenhang zwischen Synästhesie und Kreativität gibt. Ramachandran und Hubbard (2003) postulierten, dass die Synästhesie durch ein Übermaß an Kommunikation zwischen den Hirnkarten, denen verschiedene funktionelle Aufgaben in der Wahrnehmung von Sinneseindrücken zugewiesen werden, verursacht wird. Nicht zusammenhängende Funktionen würden miteinander verbunden und Kreativität bis hin zur Synästhesie auslösen.

Synästhetiker sind in der Lage Assoziationen zwischen verschiedenen Sinneseindrücken (z. B. Musik, Klang) zu bilden. In einer Studie (Ward et al. 2008) wurden bei Personen mit synästhetischem Erleben u.a. Kreativitätstests (Remote Associates Test, Alternate Use Test) durchgeführt und die Zeitdauer festgehalten, die sie mit kreativer Kunst verbrachten. Es gab eine signifikante Tendenz bei Synästhetikern, sich länger mit kreativer Kunst zu beschäftigen. Beispielsweise spielten Synästhetiker, die das Sehen durch Musik erlebten, mit weit größerer Wahrscheinlichkeit ein Instrument, als ihre anderen synästhetischen Pendants. Synästhetiker übertrafen die Kontrollen auch bei einem der beiden psychometrischen Tests zum Ausmaß der Kreativität (Remote Associates). Dies bedeutet aber nicht, dass es zwingend einen Zusammenhang zwischen diesen beiden Beobachtungen geben muss. Denkbar wäre auch, dass Synästhesie und Kreativität zwei verschiedene Resultat eines gemeinsamen neurobiologischen Entwicklungsmechanismus sind.

Seit Anfang der 80er-Jahre nimmt das Interesse an der Erforschung der Synästhesie wieder zu. Den Impuls dazu gab insbesondere Richard

E. Cytowic, nachdem er auf einer Party einen Synästhetiker kennen gelernt hatte und durch ihn auf das Phänomen aufmerksam geworden war. Ein Buch, das der Neuropsychologe über seine Arbeit schrieb, erschien auch in deutscher Sprache (Cytowic 1996). Der Journalist Volker Lange drehte einen Film über Richard E. Cytowic und das Phänomen Synästhesie und bat Professor Dr. Dr. Hinderk M. Emrich, es aus deutscher Sicht zu diskutieren und zu kommentieren. Dabei wurde auch deutlich, welche interessanten Aspekte das Phänomen für Neurobiologie und Psychiatrie beinhaltet.

In der Klinik für Psychiatrie und Psychotherapie der Medizinischen Hochschule Hannover (MHH) bildete sich 1996 eine Arbeitsgruppe von wissenschaftlichen Mitarbeitern, die sich dafür interessierte, denn in den Medien (Fernsehen, Rundfunk, Presse) wurde immer häufiger über Synästhesie berichtet. So entstand ein regelrechter »Boom« im Blick auf dieses Thema, das eine besondere subjektive Wirklichkeitserfahrung darstellt. Immer mehr Menschen erfuhren von diesem Phänomen und wurden auf ihre eigenen synästhetischen Eigenschaften aufmerksam. Dabei zeigte sich immer deutlicher, dass es sich bei der Synästhesie keinesfalls um irgendeine Art von »Einbildung« handelt, sondern um einen »wissenschaftlichen Glücksfall«, der es erlaubt, durch dieses Phänomen mehr über grundlegende Prozesse der Informationsverarbeitung im Gehirn einzelner Personen und damit über das Bewusstsein zu erfahren.

Da sich immer mehr Menschen mit synästhetischen Erfahrungen an die Klinik für Psychiatrie und Psychotherapie der MHH wandten, wurde schon bald ein »Synästhesie-Cafe« eingerichtet. In regelmäßigen Abständen trafen sich Synästhetiker in der Hochschule, um miteinander und im Dialog mit Wissenschaftlern über das Phänomen Synästhesie zu diskutieren. Durch diese Treffen hatten Menschen mit synästhetischen Eigenschaften die Möglichkeit, sich über ihre verschiedenen »Eigentümlichkeiten« auszutauschen und zu erfahren, dass sie damit nicht alleine sind. Zugleich konnten sie moderne Erkenntnisse der Neurobiologie zur Synästhesie erfahren und diskutieren.

Andere Menschen mit Synästhesie kennenzulernen, ist für viele Synästhetiker sehr wichtig. Aus der MHH wurde daher auch ein Verein gegründet, der heute als Deutsche Synästhesiegesellschaft e.V. Synästhetiker verbindet, regelmäßige Treffen veranstaltet und die Aufklärung über das Thema fördert.

Begegnungen unter Synästhetikern, Forschern und Künstlern begannen 2003 in Hannover mit der DFG-geförderten ersten internationalen Fachkonferenz zur Synästhesieforschung, deren Tradition zunächst in Hannover und bald auch in vielen anderen Ländern fortgeführt wurde. So veranstaltet mittlerweile ein Forschungsverbund (artecittà) andalusischer Universitäten regelmäßige interdisziplinäre Weltkongresse zur Synästhesie in Spanien, an deren Organisation sich die MHH beteiligt. Die Präsidentin Professorin Maria José de Cordoba Serrano lehrt an der Fakultät der Schönen Künste der Universität Granada (Spanien) und hat selbst Methoden entwickelt, Synästhesie für alle Menschen in der Pädagogik zu nutzen. Auch in Großbritannien, USA und Russland treffen sich Wissenschaften, Kunst und Synästhetiker aus aller Welt auf regelmäßigen Tagungen. Nicht selten kann die Kunst auch dort weitermachen, wo die Naturwissenschaften zunächst nicht weiterkommen. Das Besondere an den fehlenden Berührungsängsten ist seit jeher, dass die Forschung auf diesem Gebiet nicht nur auf Laboratorien beschränkt ist, sondern dass sie die zahlreichen wissenschaftlichen Fragestellungen wie auch die künstlerische Darstellung aus den Begegnungen mit den Synästhetikern schöpft und die Ergebnisse im Austausch aller Beteiligten genährt und validiert werden. Andererseits erlebt man ein besonderes Bedürfnis der Synästhetiker, sich selbst mit dem Phänomen, den Forschungsergebnissen und den Möglichkeiten der Kunst zu beschäftigen und sich in diesem produktiven Umfeld zu begegnen und auszutauschen.

Ein weiteres Feld an der MHH sind die Kontakte mit den Synästhetikern in problematischen Situationen. Während bei der Synästhesie eher von einer protektiven Eigenschaft gegenüber seelischen Herausforderungen ausgegangen werden kann, werden auch Synästhetiker – wenn auch seltener – manchmal psychisch krank. Die Erfahrung zeigt therapeutische Fallstricke in solchen Situationen. Seitdem der Amerikaner Lidell Simpson auf den Kongressen mit Freude davon berichtete, dass ihm aus der MHH ins Leben zurück geholfen worden sei, indem man ihn ermutigt habe, keine Psychopharmaka mehr einzunehmen, weil er gar keine Psychose gehabt habe sondern lediglich Synästhetiker sei, kommen immer noch Synästhetiker zur Sprechstunde, denen – wie im Fall von Lidell – durch Psychiater Medikamente gegen Halluzinationen verschrieben wurden, nachdem sie von den Vermischungen ihrer Sinne erzählt hatten.

Neben diesen schlichten Behandlungsfehlern mit ernsten Folgen erscheint aber auch die Behandlung tatsächlicher psychischer Störungen neben der Synästhesie nicht trivial. Einerseits lassen sich die Erlebnisse im synästhetischen Bewusstsein oft nicht in etablierte Kategorien pressen, wie es in der zunehmenden Flut standardisierter, manualisierter sog. Psychotherapieverfahren üblich zu werden scheint, und andererseits werden einschlägige Medikamente von Synästhetikern nicht selten schlecht vertragen oder bleiben wirkungslos. In der Psychotherapie bedeutet diese Erfahrung, dass es wieder wichtiger wird zu zuhören, statt Ratschläge zu erteilen. Die sich durchsetzende Fragebogendiagnostik aus der Psychologie in den psychiatrischen Fächern, in denen Diagnosen und Therapieempfehlungen anhand von Punkten berechnet werden, die sich auf angekreuzte Antworten der Patienten stützen und wo Neues oder Anderes keinen Platz haben, hilft einem Synästhetiker oft nicht weiter und schadet ihm schlimmstenfalls noch mit einer Fehleinschätzung. In der Pharmakologie lehrt sie uns, bei der Synästhesie weiterzudenken und die Berichte der Patienten ernstzunehmen. Ähnlich verhält es sich mit den Beratungen von Synästhetikern, die Schwierigkeiten in Institutionen bekommen, wie z. B. der Schule, der Universität oder am Arbeitsplatz. Es verwundert nicht, dass die Synästhesie, die so oft den naturwissenschaftlichen Methoden mit ihrer Individualität und Nicht-Reproduzierbarkeit ein Schnippchen schlägt, überall dort an Grenzen stößt, wo Normen einzuhalten oder zu erlernen sind. Eine der wichtigsten Aufgaben, um Synästhetiker von großem seelischem Leid zu befreien, ist deren Aufklärung, dass es sich nicht um eine Krankheit, sondern um ein Privileg handelt, wenn sich Nervenzellen mehr miteinander verschalten als bei anderen.

In Hannover gehören zur Arbeitsgruppe Synästhesieforschung auch stets Doktoranden, die dem Phänomen und dessen Hintergründen in wissenschaftlichen Untersuchungen auf den Grund gehen. Viel wird davon gesprochen, dass es sich bei der Synästhesie um lediglich ein Merkmal eines insgesamt stärker verschalteten Gehirns handeln könnte (hyperconnected brain). Zuletzt kamen viele Synästhetiker zu Blutuntersuchungen nach Hannover, wobei derzeit ausgewertet wird, ob der Synästhesie eine gesteigerte Neuroplastizität bzw. Synapsenbildungsrate zugrundeliegt. Im Hinterkopf hat man hier stets im Sinne der Grundlagenforschung ihres Gründers, herauszufinden, wie menschliches Bewusstsein funktioniert und aber auch, was Synästhetiker haben, was andere nicht haben, und was den anderen bei psychischen Erkrankungen helfen könnte.

Vom Reiz zur Wahrnehmung

Das menschliche Gehirn verarbeitet bewusst und unbewusst Informationen, die von außen oder auch aus dem zentralen Nervensystem selbst kommen. Zu seinen Tätigkeiten gehören Wahrnehmen, Erkennen, Vorstellen, Denken, Abspeichern, Planen von Handlungen, Kommunikation usw. Hier soll die Funktion des Gehirns nur kurz dargestellt werden; ausführlicher nachlesen kann man dies z. B. in Carter (2019).

Die Sprache der Nervenzellen

Reize aus der Umwelt können nicht direkt auf das zentrale Nervensystem einwirken, gleichgültig, worum es sich handelt. Zunächst muss jeder Sinnesreiz in die neuroelektrisch-neurochemische »Einheitssprache« des Nervensystems umgewandelt werden. Dies bezeichnet man auch als »sensorische Transduktion«.

Um zu verstehen, wie Informationen verarbeitet und weitergeleitet werden, muss man zunächst wissen, wie eine einzelne Nervenzelle (Neuron) funktioniert. Für die Informationsverarbeitung ist sie die entscheidende Einheit. Eine solche Nervenzelle besteht aus einem Zellkörper, den Dendriten (baumartig aussehende Zellfortsätze der Nervenzelle) und einem schlauchartigen Nervenzellfortsatz (Nervenfaser oder Axon). Elektrische Signale werden über die Dendriten empfangen und über die Nervenfaser (Axon) an andere, unter Umständen sehr weit entfernt liegende Nervenzellen weitergegeben.

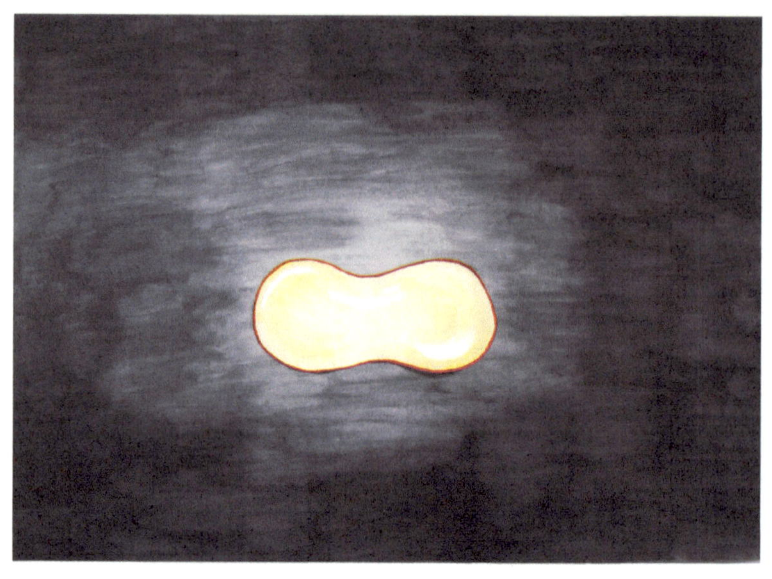

In einem dunklen, nicht eigentlich schwarzen Raum erstrahlt »süß« als ein gläsern schillerndes, gelbes Objekt mit einer feinen roten Umrandung (oben). Form und Farben stammen vom geschriebenen Wort »süß«; das grelle Gelb des ü überstrahlt das Rot von s und ß (unten). Aquarelle von Insa Schulz

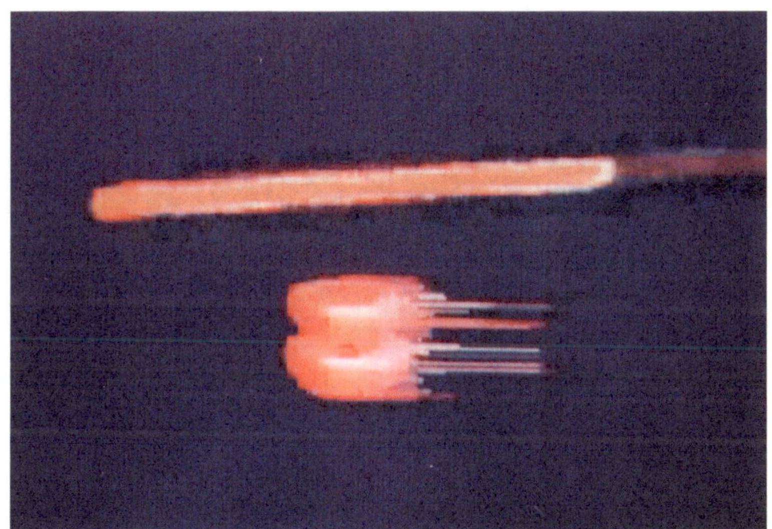

Gymnopedie Nr. 1 von Erik Satie. Der obere orangefarbene Strich stellt die Melodiestimme, die untere Figur die Begleitstimme des Klaviers dar. Ausschnitt aus einer Computeranimation von Matthias Waldeck

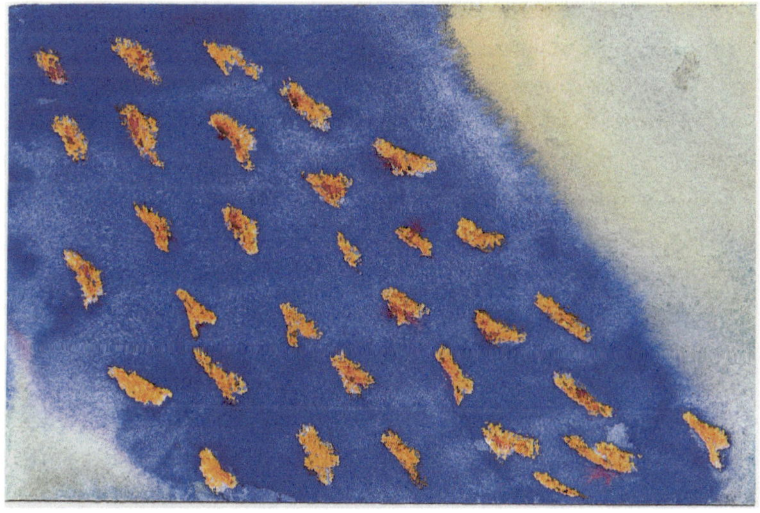

Beim Hören einer romantischen Musik kurz vor dem Einschlafen. Aquarell von Karin Heller-Engel

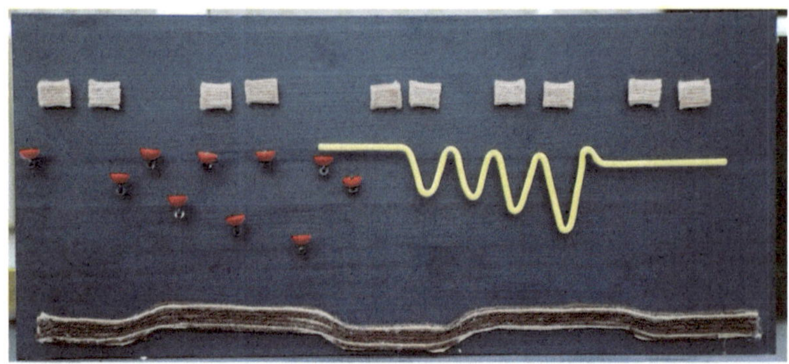

Schostakowitsch. Dreidimensionale Darstellung eines 30 Sekunden langen Ausschnitts seines ersten Klavierkonzerts, zweiter Satz. Objekt von Matthias Waldeck

Die Informationsweiterleitung in den Nervenzellen erfolgt an der Außenhülle, der Zellmembran. Im Ruhezustand ist diese außen positiv und innen negativ geladen. Der Spannungsunterschied zwischen außen und innen beträgt ca. 70 mV. Er wird dadurch aufrechterhalten, dass die Zelle bestimmte Konzentrationen verschiedener Ionen (positiv oder negativ geladene Teilchen) aufbaut. Bei einer Erregung, also beim Eintreffen eines Signals, strömen Kalium-Ionen von außerhalb der Zellmembran nach innen und sorgen so dafür, dass sich die Ladungen umkehren. Diese Umkehr setzt sich dann sukzessive über die gesamte Nervenzelle fort.

Ein elektrisches Signal kann allerdings nicht ohne weiteres von einer Zelle zur nächsten gelangen. Damit Zellen untereinander Informationen austauschen können, brauchen sie besondere Strukturen: kleine Auftreibungen an den Enden der Nervenfasern, die so genannten Synapsen. Über sie nimmt die Nervenzelle Verbindung mit den Dendriten anderer Nervenzellen auf und gibt Informationen weiter – allerdings nicht über elektrische Potenziale, sondern in erster Linie neurochemisch.
Die Kommunikation erfolgt über bestimmte chemische Substanzen, so genannte Transmitter. In den synaptischen Endknöpfchen werden verschiedene Neurotransmitter in Vesikeln (Bläschen) gespeichert und freigesetzt, sobald sich das Membranpotenzial ändert. Sie gelangen dann durch den synaptischen Spalt zur Empfängerzelle und gehen

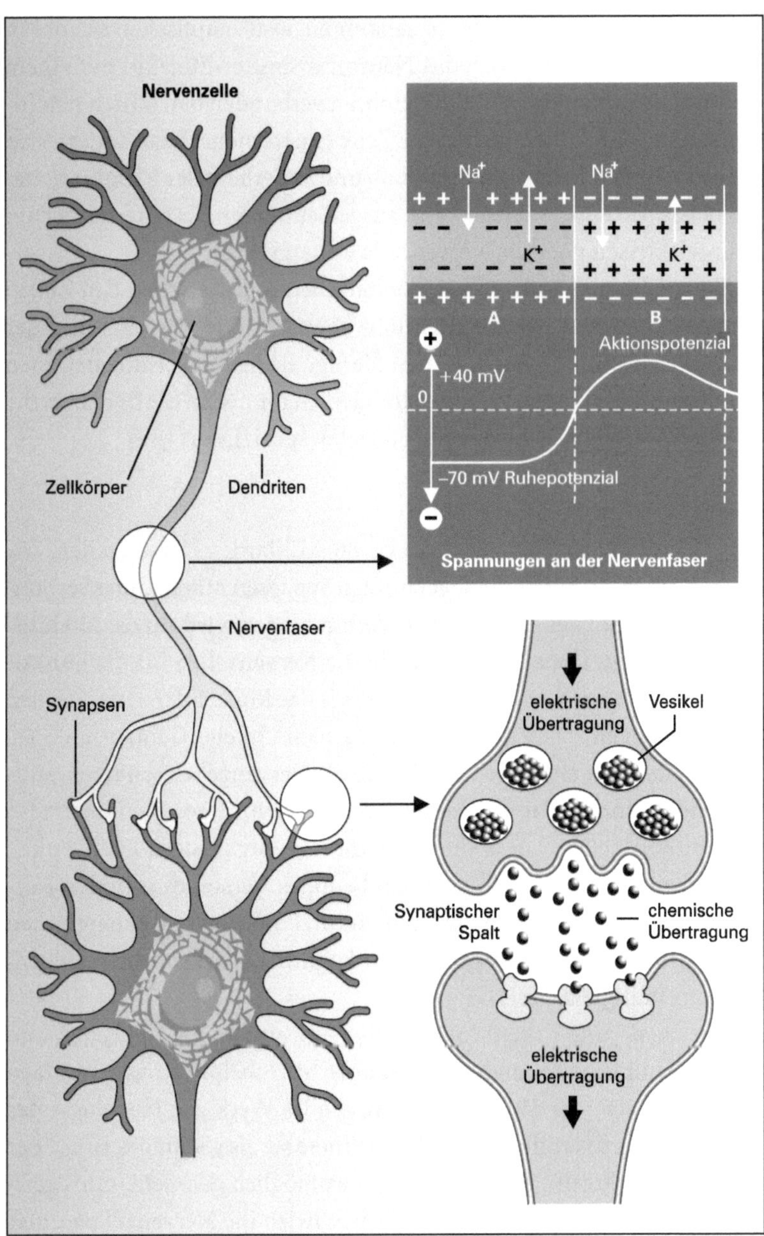

Grundaufbau einer Nervenzelle und Übertragung von Signalen in einer Synapse

dort eine Verbindung mit der so genannten postsynaptischen Membran dieser Zelle ein. Wenn sich das Neurotransmitter-Molekül mit einem Rezeptor (Empfänger) auf der Membran verbunden hat, öffnen sich Ionenkanäle, durch die Ionen in die Zelle einströmen. Dabei ändern sich die elektrischen Ladungen innerhalb und außerhalb der Membran und ein neues Aktionspotenzial kann ausgelöst werden. Es wird wiederum neuroelektrisch über die Nervenzelle weitergeleitet.

Signale können sich in den Nervenzellen und zwischen den Zellen grundsätzlich nur in eine Richtung bewegen. Die Verschaltung der Neuronen bestimmt den Weg, den die Signale nehmen. Informationen aus den Sinnesorganen gelangen ins Gehirn immer an die Bereiche, die auf die Verarbeitung der jeweiligen Daten spezialisiert sind.

Das Gehirn und seine Teile

Das menschliche Gehirn umfasst ca. 86 Milliarden Nervenzellen. Die Nervenzellen sind über die sogenannten Synapsen miteinander verbunden. Die Anzahl der synaptischen Verbindungen wird auf ca. 100 Billionen geschätzt. Dabei ist die Anzahl der Nervenzellen für die Funktionen des Gehirns weniger bedeutsam als das Muster der synaptischen Verknüpfungen. Daneben enthält das menschliche Gehirn noch ca. 900 Milliarden weitere Zellen, die z. B. die Nervenzellen schützen, stützen und versorgen. Insgesamt umfasst das Gehirn des Menschen also ca. 1 Billion Zellen. Diese sind sehr komplex organisiert. Das Denken und Erkennen findet nach unserem heutigen Verständnis in den Nervenzellen statt; sie stellen in ihrer Struktur, Funktion und synaptischen Verknüpfungen das Substrat unserer kognitiven (erkenntnismäßigen) Leistungsfähigkeit dar.

Alle Denk- und Erkenntnisprozesse sind also an die Neuronen und ihre Verknüpfung gebunden. Der spanische Nobelpreisträger Santiago Ramön y Cajal, der 1911 ein grundlegendes Werk zur Histologie des Nervensystems veröffentlichte, bezeichnete sie als »Schmetterlinge der Seele, deren Flügelschläge eines Tages womöglich das Geheimnis geistigen Lebens enthüllen würden«. Er beschrieb die Nervenzellen unter anatomischen Gesichtspunkten bereits relativ exakt. Mittlerweile weiß

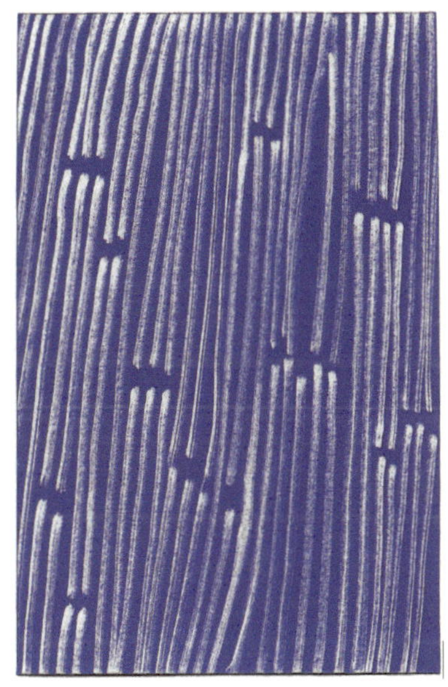

Beim Hören einer Musik. Die silbernen Schnüre waren in Bewegung. Aquarell von Karin Heller-Engel

man, dass das Gehirn zahlreiche verschiedene Typen von Nervenzellen enthält. Durch neuroanatomische Färbemethoden können viele Formen von Zellkörpern und Dendriten-Bäumen unterschieden werden.

Auf molekularer Ebene ist die Vielfalt der Nervenzellen noch größer. Sie enthalten zwar wie alle Zellen eines Organismus prinzipiell das gleiche genetische Material, aber davon wird immer nur ein bestimmter Teil ausgelesen (exprimiert). Je nach Zellart und Funktion können das bei den einzelnen Zelltypen ganz verschiedene Teile sein. Somit ist es möglich, dass zwei Zellen, die von der äußeren Betrachtung her identisch aussehen, völlig verschiedene Funktionen erfüllen, je nachdem, welche Gene gerade aktiviert sind. Beispielsweise erscheinen die Motoneuronen des Rückenmarks (zuständig für Bewegungen), die so genannten Amakrinen-zellen der Netzhaut und die Purkinjezellen des Kleinhirns äußerlich ähnlich, haben jedoch sehr verschiedene Aufgaben.

In seinem Grundaufbau entspricht unser Gehirn, dem anderer Wirbeltiere. Es besteht aus fünf Teilen: Großhirn (auch Endhirn genannt), Zwischenhirn (mit Thalamus und Hypothalamus), Mittelhirn, Hinter-

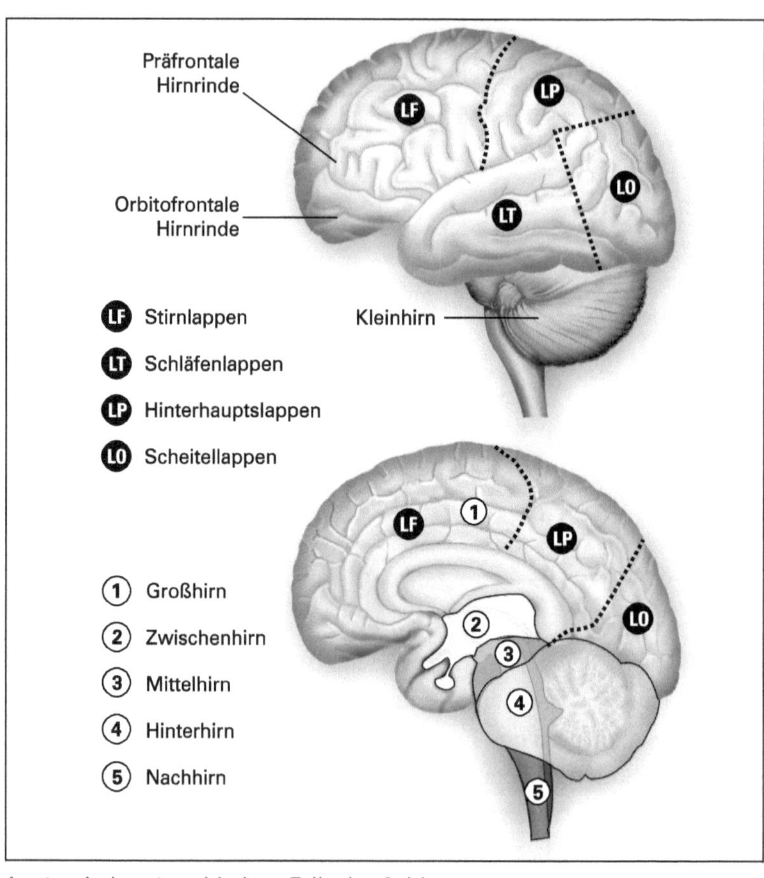

Anatomisch unterschiedene Teile des Gehirns

hirn (mit Kleinhirn) und dem Nachhirn, das ins Rückenmark übergeht. Der größte Bereich des Großhirns ist die Großhirnrinde (Kortex), der höchstentwickelte Teil des menschlichen Gehirns. Sie bedeckt gewissermaßen die übrigen Gehirnteile und liegt außen, dem Schädelknochen am nächsten. Ihre Oberfläche ist stark gefurcht, eine Gehirnwindung bezeichnet man als »Gyrus«. Die Dicke der Großhirnrinde beträgt ca. 2mm, ihre Oberfläche misst rund 1,5 m^2.

Nach anatomischen und funktionellen Gesichtspunkten lässt sich die Großhirnrinde in mehrere Felder untergliedern, die besondere Aufgaben übernehmen; so können sie der Wahrnehmung und Verarbeitung von Sinneseindrücken oder auch der Kontrolle von Bewegungen dienen. Neben diesen scharf umrissenen Feldern gibt es so genannte assoziative Rindenfelder, deren Funktion darin besteht, verschiedene Signale aus anderen Gehirnbereichen zu neuer Information zu verknüpfen. »Kerne« sind räumliche und funktionale Einheiten, in denen eine größere Anzahl von Nervenzellen zusammengeschlossen ist.

Jede Großhirnhälfte wird in vier so genannte Lappen unterteilt: Stirnlappen (Lobus frontalis), Scheitellappen (Lobus parietalis), Hinterhauptslappen (Lobus occipitalis) und Schläfenlappen (Lobus temporalis). Die Rinde des Schläfenlappens erfüllt in erster Linie Gedächtnisfunktionen; außerdem liegt in ihr die Basis für sensorisch-kognitive Funktionen, also das Erkennen von Informationen, die über die Sinnesorgane wahrgenommen wurden. Die Großhirnrinde im Bereich des Stirnlappens steuert vor allem Verhaltensweisen; sie trifft Entscheidungen und veranlasst Bewegungen.

Diese drei Bereiche gelten als die eigentlichen Integrationszentren der Wahrnehmung – dort entscheidet unser Gehirn, was wir letztlich sehen, hören, riechen usw. Allerdings können diese Leistungen nur im Zusammenspiel mit tiefer gelegenen Hirnarealen und Strukturen wie dem limbischen System (S. 35), den Basalganglien und verschiedenen anderen Kerngebieten erbracht werden.

Häufig haben die entsprechenden Großhirnteile der rechten und der linken Hirnhälfte ganz verschiedene Aufgaben. So unterscheiden sich die Funktionen des rechten und des linken Schläfenlappens deutlich. Auf der linken Seite werden vornehmlich symbolisch-analytische Informationen verarbeitet, beispielsweise Sprache oder die Bedeutung von Symbolen und Abbildungen. Im Bereich des rechten Schläfenlappens dominiert die räumliche Vorstellung, also die konkrete oder geistige Konstruktion des Raumes, den man aus verschiedenen Perspektiven betrachten kann. Insgesamt bildet die assoziative Großhirnrinde, in der alle Informationen von den Sinnesorganen zusammenlaufen, eine Zentrale zur Verknüpfung der Informationen. Sie steuert dadurch vor allem die Aufmerksamkeit für räumliche Informationen aus unseren

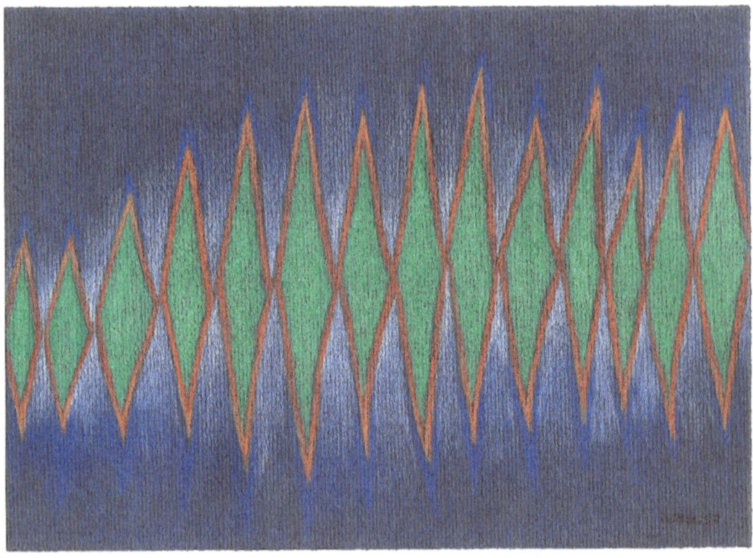

Zum Schostakowitsch-Modell von Matthias Waldeck. Zeichnung von Gisela Giese

Augen, greift aber auch ständig auf andere aktuelle Sinnesdaten und auf Gedächtnisinhalte zu.

Im Bereich des Schläfenlappens werden außerdem nicht-räumliche Aspekte von Gegenständen und Abläufen, die wir mit Ohren und Augen aufnehmen, verknüpft und bewertet. Visuelle Informationen gelangen in den unteren Teil des Schläfenlappens. So ist z. B. diese Gehirnregion am Erkennen von Gesichtern beteiligt. Der obere Teil des Schläfenlappens dient mehr dazu, Informationen des Gehörs zu verarbeiten. Die mittleren Anteile des Schläfenlappens und andere wichtige Strukturen (Hippocampus, Area entorhinalis, Area parahippocampalis) sind entscheidend für das so genannte deklarative Gedächtnis, das alles umfasst, was wir bewusst wissen und äußern können.

Eine andere wichtige Struktur ist der Stirnlappen. Neben dem Kleinhirn ist dieser Teil des Großhirns im Rahmen unserer stammesgeschichtlichen Entwicklung besonders stark gewachsen. Daraus kann man schließen, dass diese Region große Bedeutung für die besonderen

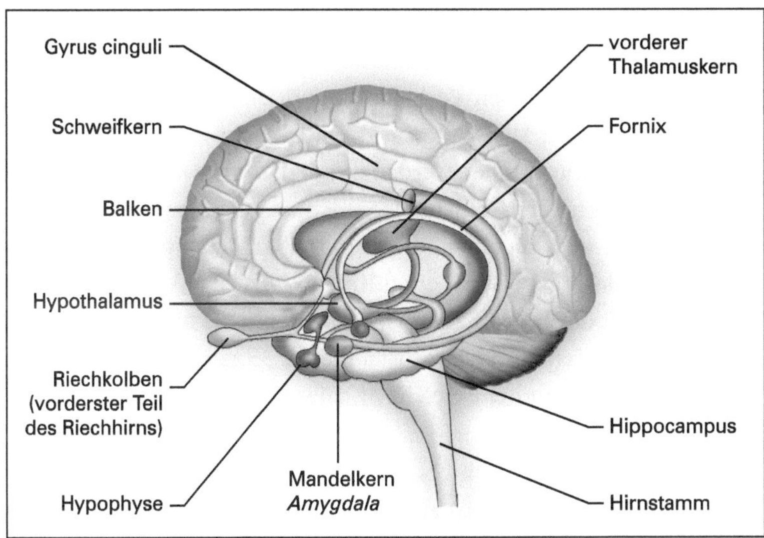

Teile des limbischen Systems

geistigen Leistungen des Menschen hat. Im Bereich des Stirnlappens findet die zeitlich-räumliche Strukturierung von Sinneswahrnehmungen, die Kontrolle unseres Handelns (Planung und Beurteilung der Zusammenhänge) sowie die Bewertung von Verhalten statt. Dieses Hirnareal sorgt auch dafür, dass wir mit unseren Mitmenschen sinnvolle Unterhaltungen führen können. Ohne den Stirnlappen wären wir nicht in der Lage, unser Verhalten im Voraus zu planen und uns auf das Verhalten anderer einzustellen. Auch an Problemlösungsstrategien und unserer Fähigkeit, flexibel zu handeln, ist der Stirnlappen maßgeblich beteiligt.

Ein weiterer für die Wahrnehmung wesentlicher Teil des Gehirns ist das limbische System (von lateinisch limbus). Es wurde früher als ein Hirngebiet beschrieben, das wie ein Gürtel an der Grenze zwischen Großhirn und Hirnstamm liegt und den so genannten Balken (Corpus callosum) umgibt. Heutzutage wird der Begriff »limbisches System« meist anders verwendet; die Funktion dieses Systems steht inzwischen im Vordergrund. Als »limbisches System« werden Strukturen im gesamten Gehirn bezeichnet, die das vegetative (Eingeweide-)Nervensystem kontrollieren und die Reaktionen innerer Organe sowie unsere Motivation und Emotion koordinieren. Das limbische System ist damit an allen Verhaltens- und Denkprozessen beteiligt. Gefühle wie Angst, Wut, Aggression, Lust, aber auch Lernprozesse und Gedächtnisfunktionen werden durch das limbische System stark beeinflusst. Zahlreiche Gehirnteile zählt man zu diesem Komplex: den Hippocampus und Regionen, die unmittelbar Zugang zu ihm haben wie Area entorhinalis, Gyrus cinguli, Mandelkerne (Amygdala), Teile des Thalamus, des Hypothalamus, des Mittelhirns und der Formatio reticularis. Ein Teil des Systems ist auf Seite 35 zu sehen; leider lassen sich nicht alle Bestandteile gleichzeitig darstellen.

Sehen – kein einfacher Vorgang

Exemplarisch für die anderen Sinneskanäle wie Hören, Schmecken oder Riechen sei an dieser Stelle das Sehen mit den daran beteiligten Strukturen beschrieben.

Alle Lebewesen müssen an ihre Umgebung angepasst sein, damit sie überleben bzw. sich fortpflanzen können. Die Blätter der Pflanzen wenden sich der stärksten Lichtquelle zu, Tiere bewegen ihre Körper durch Muskelkontraktionen, um Nahrungsquellen aufzusuchen. Damit die Fortbewegung im Einklang mit der Umgebung geschieht, müssen die Tiere in der Lage sein, Strukturen und Ereignisse in ihrer Umwelt zu registrieren. Mit den Sinnesorganen nehmen sie diese Informationen über ihre Umgebung auf. Dazu gehören beispielsweise Signale aus den Druckrezeptoren der Haut, aus dem Echolotsystem bei bestimmten Tierarten – oder die Informationen, die wir mit den Augen wahrnehmen.

Optische Reize müssen, bevor wir sie mit dem Gehirn wahrnehmen zunächst im Auge den sog. dioptrischen Apparat (lichtbrechender Teil des visuellen Systems) durchdringen (Hornhaut, vordere Augenkammer, Linse, Glaskörper bis zur Netzhaut). Als Blende zur Regulation des Lichteinfalls dient dabei die Pupille. Aufgenommen wird ein visueller Sinnesreiz durch so genannte primäre Sinneszellen, die in der Netzhaut des Auges gelegen sind. Naturgemäß erfassen wir dabei nicht die ganze

Umgebung mit allen Einzelheiten. Das Auge erzeugt ein Bild der Außenwelt, genau genommen eines Ausschnittes davon, denn die Wahrnehmung ist z. B. durch die Anzahl und die Empfindlichkeitsbereiche der vorhandenen Sinneszellen beschränkt. So kann das menschliche Auge nur elektromagnetische Strahlung als Licht wahrnehmen, deren Wellenlänge zwischen 400 und 750 Nanometern liegt.

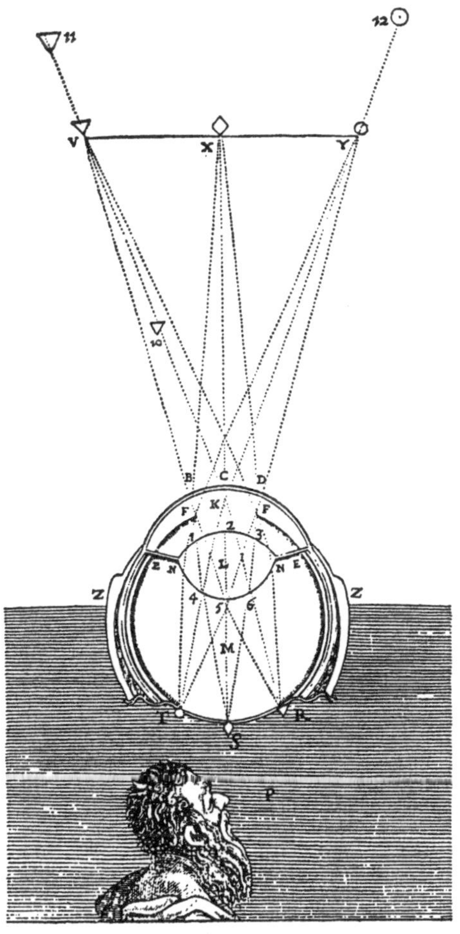

Darstellung der optischen Funktion des Auges, die auf die Arbeiten von Kepler zurückgeht (»Dioptrique« von R. Descartes, 1637)

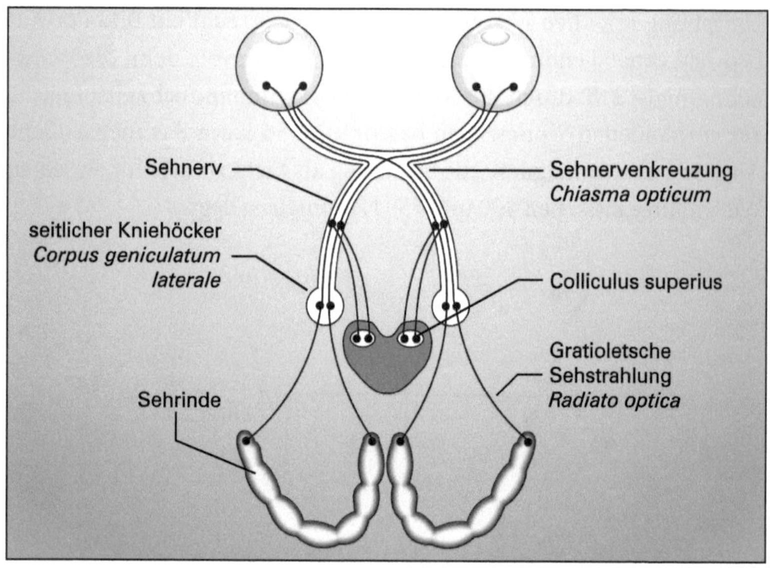

Schematische Darstellung der anatomischen Strukturen, die visuelle Informationen leiten und verarbeiten

Das optische Bild wird auf der Netzhaut (Retina) des Auges abgebildet. Diesen Vorgang beschrieb erstmals der Astronom Johannes Kepler im Jahr 1604 in aller Deutlichkeit. Er stellte auch fest, dass bei einer normalen optischen Abbildung das Bild der Außenwelt auf der Netzhaut umgekehrt, d. h. auf dem Kopf stehend, erschien.

In den Sinneszellen der Netzhaut, den Stäbchen und Zapfen, wird die aufgenommene Lichtenergie über eine längere Kette von Zwischenschritten in elektrische Nervensignale umgesetzt. Wenn das Licht auf ein Molekül des Sehfarbstoffs trifft, ändert dieser seine Konfiguration, was eine Reihe von Folgereaktionen nach sich zieht. Diese veranlassen die Nervenzelle dazu, ein elektrisches Signal zu erzeugen.

Auch wenn jede der 125 Millionen Sinneszellen in unseren Augen Lichtreize wahrnimmt, gibt sie ihre Signale nicht einzeln an das Gehirn weiter. Die Informationen aus den Zellen werden im Nervensystem noch stark überarbeitet. In der Netzhaut findet bereits die erste Stufe der neuronalen Signalverarbeitung in komplexen Netzwerken statt. Benachbarte Rezeptoren gleichen ihre Informationen ab und kommen so zu einer höheren Informationsstufe. Danach verlassen die Signale die Netzhaut über Nervenfasern (Axone), die den Sehnerv (Nervus opticus) bilden.

Die beiden Sehnerven vereinigen sich an der Schädelbasis zur Sehnervenkreuzung (Chiasma opticum), wo die Nervenfasern aus den zur Nase gerichteten Hälften der Netzhaut zur anderen Kopfseite weiterlaufen, die aus den anderen Netzhauthälften dagegen in der gleichen Kopfseite bleiben (S. 38). Gemeinsam ziehen die gekreuzten Nervenfasern über den Sehstrang (Tractus opticus) zur ersten zentralen Schaltstelle der Sehbahn, dem seitlichen Kniehöcker (Corpus geniculatum laterale), weiter. Dort beginnt die Gratioletsche Sehstrahlung (Radiatio optica), die sich zur Sehrinde (visueller Kortex) hinzieht.

Neben der Verbindung von der Netzhaut zur Sehrinde läuft eine weitere Nervenfaserverbindung von der Netzhaut zum Colliculus superius im Mittelhirn. Dieser zweite Faserzug, zuständig für die Steuerung der Augenbewegungen, der reflexhaften Kopfbewegungen usw., hat eine Vielzahl von Verbindungen zu anderen Hirnnervenkernen.
Schließlich gelangen die Signale in die Area striata der Sehrinde, die im Hinterhauptslappen des Großhirns liegt. Sie gliedert sich in verschiedene Areale (Area 17, 18, 19). Zuerst kommt die Information in Area 17, von dort wird sie in andere Bereiche geleitet und dabei umgearbeitet. Das geschieht offenbar nicht in einer strengen Reihenfolge, sondern mit Verzweigungen und Querverbindungen.

Die Nervenfasern und die Nervenzellschichten der zentralen Sehbahn sind unterschiedlich organisiert. So reagieren die Nervenzellen der Colliculi superiores speziell auf bewegte Muster, zum Teil auch auf deren Bewegungsrichtung. In der primären Sehrinde gibt es drei Zellschichten mit konzentrischen Feldern. Dort werden die visuellen Signale nach Farbe, Verteilung der Kontraste und Helligkeit bewertet. Eine weitere »Strukturierung« der Information erfolgt in der Sehrinde. Sie ist in sechs Schichten gegliedert, die parallel zur Großhirnoberfläche liegen.

Diese Schilderung des Weges, den ein vom Auge wahrgenommenes Bild in unserem Nervensystem nimmt, mag sehr kompliziert klingen – er ist aber hier sogar vereinfacht wiedergegeben. Der Mensch verarbeitet optische Informationen also nicht einfach wie ein »Fernsehsystem« oder eine Fotokamera; unser Sehen funktioniert nach einem ganz anderen Prinzip. Seine Aufgabe besteht nicht in erster Linie darin, ein unverzerrtes Abbild der Umgebung zu erzeugen, sondern Muster zu analysieren und zu erkennen. Dabei werden auch die ursprünglichen Bildinformationen stark verändert.

Es wäre viel zu aufwändig, die Sinnesdaten in ihrer ursprünglichen Komplexität weiterzuverarbeiten. Daher werden sie in »Elementarereignisse« zerlegt. Ein ähnlicher Vorgang findet beim Einscannen einer Abbildung in einen Computer statt. Bildinformationen wie Formen und Farben werden in die Digitalsprache des Computers zerlegt und dann übertragen. Dies erfolgt in einer bestimmten Reihenfolge und Ordnung, damit die Punkte nachher wieder richtig zusammengesetzt werden können. So funktioniert ein Scanner – das Gehirn allerdings arbeitet auch hierbei anders. Es übernimmt Umweltreize nicht ungeprüft, denn häufig sind sie nicht eindeutig und in räumlicher und zeitlicher Hinsicht sehr variabel. Sie müssen daher nach gehirninternen Prinzipien interpretiert, stabilisiert und zu einer schlüssigen Wahrnehmung zusammengefügt werden. Dank dieser Mechanismen können Menschen beispielsweise anhand weniger Striche sofort einen Buchstaben oder eine Zahl erkennen – das Gehirn ergänzt die fehlenden Teile in kürzester Zeit zu einer Gestalt.

Dieses Beispiel zeigt, dass das Nervensystem bei der Wahrnehmung selektiv, konstruktiv und auch interpretativ vorgeht: Es wählt Wichtiges aus den vielen Informationen aus, die die Sinnesorgane aufnehmen, es ergänzt unvollständige oder uneindeutige Informationen und versucht sie richtig einzuordnen. In diesem Sinne bedeutet menschliche Wahrnehmung mehr als den bloßen Gebrauch unserer Sinne und die bloße Abbildung von Sinnesdaten. Die Bilder, die unsere Augen melden, werden gewissermaßen »online« mit internen, d. h. im Gehirn vorhandenen »Weltbildern« verglichen. Zusätzlich zu den Sinnesdaten, die z. B. aus der Netzhaut des Auges in das Gehirn gelangen, kommt es quasi zu einer Art Gegenbewegung: Das Ergebnis der Auswertung wird von innen nach außen projiziert – aufgrund intern erzeugter »Weltmodelle«.

Im Sinne des Soziologen Niklas Luhmann, der sich auch mit diesem Thema beschäftigt hat, sind Informationen immer derartige Konstrukte unseres Geistes.

Wir bilden folglich die Umwelt nicht in unserem Kopf ab, sondern wir »konstruieren« sie selbst, im Sinne einer »wirklichkeitsschaffenden Fiktion«, wie es der Psychotherapeut Paul Watzlawick ausdrückte. Wahrnehmung ist also kein geradliniger, in sich einheitlicher Prozess, sondern sie besteht aus einzigartigen, komplizierten Wechselwirkungen zwischen verschiedenen Teilkomponenten. Nach dem Konzept von Hinderk Emrich kann man dabei die folgenden Komponenten unterscheiden:

1. Sinnesdaten,
2. Konzeptualisierung (»mitlaufendes inneres Weltbild«),
3. Zensor.

Zu den Komponenten 2 und 3 sind einige Erläuterungen nötig. Jeder Mensch schafft sich eine Wirklichkeit, in der er sich zurechtfinden kann; wenn man so will, konstruiert jeder von uns seine eigene Welt. Dies wird durch die zweite der 3-Komponenten-Theorie der Wahrnehmung ermöglicht: die Konzeptualisierung. Die dritte, die Zensor-Komponente, hat die Aufgabe, bei Unklarheiten und Widersprüchen der Sinneswahrnehmung (z. B. bei optischen Täuschungen) ein »Urteil zu fällen«. Das bedeutet vor allem, dass das, was biologisch sinnvoll erscheint, im Zweifelsfall auch gegen die Sinnesdaten »durchzusetzen ist« (Emrich 1990).

Die Konzeptualisierung lässt sich aber neurobiologisch nur dann bei der Wahrnehmung einsetzen, wenn ein ständiger Zugriff auf Gedächtnisspeicher möglich ist. Bisher ging man davon aus, dass Gedächtnisfunktionen, d.h. unser »Vorwissen« ständig erwartete Wirklichkeiten erzeugt, die mit den einlaufenden Sinnesdaten verglichen werden. Bei einem Unterschied zwischen Vorhersagen und den einlaufenden Sinnesdaten wurde dieser Unterschied als »Vorhersagefehler« interpretiert (Predictive-Coding-Theorie). Dieser wurde im Gehirn über verschiedene Verarbeitungsschritte reduziert und an die erwartete Wirklichkeit angepasst. Neuere Forschungsergebnisse der Ruhr-Uni Bochum und der Universität Freiburg konnten zeigen, dass die »Vorhersagefehler«

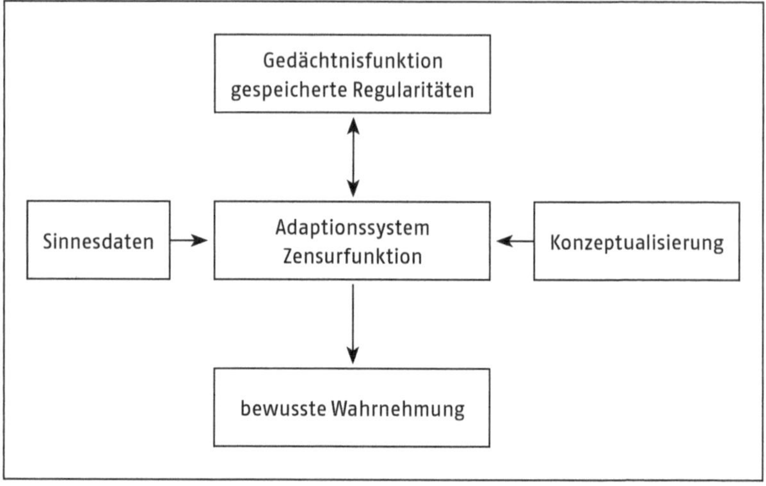

Modell der visuellen Wahrnehmung nach Emrich

aber nicht komplett reduziert werden, sondern hohe Verarbeitungsstufen im Gehirn erreichen und dem Bewusstsein zugänglich sind (Staadt et al. 2020)

Nach Gray und Rawlins (1986) scheint der Hippocampus für die Gedächtnisfunktion eine besonders wichtige Rolle zu spielen. Er führt Plausibilitätskontrollen durch, d. h. er vergleicht »Vorschläge« aus dem Gedächtnis, was die Daten aus der Außenwelt darstellen könnten, mit den tatsächlich einlaufenden Sinnesdaten. Nach jüngsten neuroanatomischen Studien sind die Region des Schläfenlappens und der Hippocampus tatsächlich eine zentrale Schaltstelle zwischen Gedächtnisfunktionen und visueller Wahrnehmung. Aktuelle Forschungsergebnisse liefern zudem Hinweise, dass der mediale Schläfenlappen nicht nur Gedächtnisfunktionen hat, sondern auch indirekt an den visuellen Wahrnehmungsprozessen beteiligt ist. Bislang wurde diese Hirnregion mit dem Langzeitgedächtnis in Verbindung gebracht (Erinnerung an Fakten und Erlebnisse). Aktuelle Studien lassen den Schluss zu, dass diese Region auch in die visuellen Verarbeitungsprozesse eingebunden ist und somit eine Doppelfunktion in dieser Hirnregion verankert ist (Görler et al. 2019).

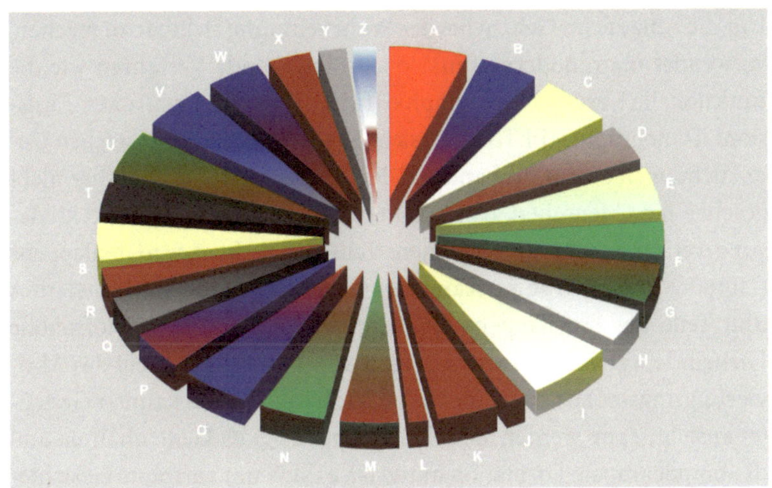

Wie sind die Buchstaben gefärbt? Diese Grafik zeigt, welche Farben Synästhetiker den Buchstaben am häufigsten zuordnen. Die Tortenstückgröße nimmt mit der relativen Häufigkeit der jeweils korrelierten Farbe zu. Befragt wurden 89 Probanden – 83 Frauen und 6 Männer.

Ziffern und Zahlen in meiner farblichen Wahrnehmung. Aquarell von Karin Heller-Engel

Um die Abläufe im Gehirn bei der Wahrnehmung sichtbar zu machen, verwendet man moderne funktionell-bildgebende Verfahren wie die funktionelle Kernspintomographie (fMRT) oder die Positronen-Emissions-Tomographie (PET, fMRT; siehe S. 46). Wenn man bei solchen Untersuchungen einem Probanden Bilder präsentiert, die er vorher nicht gesehen hat (Menschen, Landschaften), beobachtet man eine Aktivierung verschiedener Hirnregionen: Teile des rechten Schläfenlappens (Hippocampus, parahippocampaler Gyrus), mediodorsaler Thalamus und Teile des Stirnlappens (mittlere präfrontale und orbitofrontale Hirnrinde; vgl. S. 32) (Tulving et al. 1996). Ganz anders sieht das Aktivierungsmuster aus, wenn die Versuchsperson Fotos bekannter Gesichter ansieht; dann werden die Schläfenlappen beider Gehirnhälften und die hippocampale Formation aktiv. Da es sich um vertraute Gesichter handelt, wird in diesem Fall auch das Gedächtnis angesprochen (Perani et al. 1992). Der mittlere Schläfenlappen, in dessen Mittelpunkt der Hippocampus liegt, spielt für Gedächtnisfunktionen und die visuelle Wahrnehmung sicher eine wichtige Rolle.

Verschiedene Arten von Synästhesie – und was sie interessant macht

Synästhesie ist offensichtlich – zumindest teilweise – anlagebedingt, denn einerseits ist das Geschlechterverhältnis deutlich 8:1 zugunsten der Frauen verschoben, zum anderen gibt es familiäre Häufungen. In einer kürzlich veröffentlichen Studie von drei Familien mit einer Ton-Farbe-Synästhesie über mehrere Generationen hinweg wurden seltene genetische Varianten gefunden. Außerdem ergaben genetische Analysen (Gen-Ontologie-Analysen) sechs Gene – COL4A1, ITGA2, MYO10, ROBO3, SLC9A6 und SLIT2 – die mit der Axonogenese assoziiert sind und in der frühen Kindheit exprimiert werden, wenn synästhetische Assoziationen gebildet werden. Diese Daten stehen in Übereinstimmung mit der sog. Hyperkonnektivitätstheorie zur Ätiologie der Synästhesie (Tilot et al. 2018). Auch andere Studien weisen auf eine genetische Ätiologie der Synästhesie hin. Analysen der Arbeitsgruppe um Tomson et al (2011) legen nahe, dass Farbsequenzsynästhesie mit einem Gen in der Region 16q12.2-23.1 verbunden ist. Da nur zwei der fünf Familien in dieser Studie eine Verknüpfung mit dieser Region zeigten, deutet darauf hin, dass Farbsequenzsynästhesie ein heterogener Zustand ist. Aktuelle neurophysiologische Modelle der Synästhesie postulieren in erster Linie Hypothesen über hyperkonnektierte und hyperaktivierte Gehirne. Brauchli et al. (2018) untersuchten auditiv-visuelle (AV) Synästhetiker mittels elektroencephalograhischer Methoden.

Die Studie zeigte hyperkonnektierte Gehirne von AV-Synästhetikern und die Forscher formulierten, dass Synästhesie per se eine Folge von globaler Hyperkonnektivität sein könnte. Dies steht im Einklang mit Forschungsergebnissen, dass eine globale Hyperkonnektivität zuvor auch bei Graphem-Farbe Synästhesie festgestellt wurde.

Richard E. Cytowic (1996) beschrieb, dass synästhetische Wahrnehmungen projiziert werden, dass die betreffende Person sie als außerhalb, maximal eine Armlänge entfernt, wahrnimmt. Im Gegensatz dazu wurde uns häufiger von einem »inneren Monitor« berichtet: »Das sehe ich im Kopf!« Musik, Stimmen oder ausgesprochene Buchstaben führen zur Wahrnehmung bewegter Farben und Formen, die eher »einfach« strukturiert sind und gewisse Formkonstanten aufweisen.

Insgesamt ist das Phänomen der Synästhesie für die neurobiologische Forschung von besonderem Interesse, weil über die Erforschung der Synästhesie auch Antworten auf allgemeine Fragen der Neurophysiologie, Psychologie und Philosophie zu erwarten sind. Jede Art von Synästhesie ist dabei in bestimmter Hinsicht aufschlussreich.

Fest verkoppelt: die »genuine« Form

Bei den genuinen Synästhetikern gibt es eine feste Kopplung zwischen den auslösenden Reizen und den mitlaufenden Farb-Form-Wahrnehmungen. Man kann von einem Lexikon sprechen, das lebenslang gleichbleibt. Der auslösende Reiz (Induktor-Stimulus) und die mitlaufende Wahrnehmung treten simultan auf. So unterschiedlich und individuell die verschiedenen synästhetischen Wahrnehmungen auch sind, die Erfahrung als solche wird durchgehend mit einer verblüffenden Gewissheit, Genauigkeit und Überzeugung vorgetragen; da spielt es auch keine Rolle, dass das Phänomen aufgrund der Begrenztheit unserer sprachlichen Mittel eigentlich nicht beschreibbar ist.

Diese »genuine Synästhesie« unterscheidet sich nach Grossenbacher et al. (2001) von erworbener Synästhesie durch folgende Merkmale:

- Entstehung: Von der Mehrzahl der Synästhetiker wird das Phänomen erstmals in der Kindheit/Jugend bemerkt.
- Automatismus: Die synästhetischen Verknüpfungen werden unabhängig vom Willen des Betroffenen hervorgerufen.

- Einzigartigkeit: Synästhetische Verknüpfungen sind durch sehr spezifische sinnliche Eigenschaften gekennzeichnet.
- Alter: Synästhesie kommt bei Kindern häufiger vor als bei Erwachsenen.
- Geschlecht: Unter Synästhetikern sind Frauen häufiger vertreten als Männer.
- Vererbung: Synästhesie tritt unter Verwandten gehäuft auf.

Unter Synästhesie versteht man, dass *eine* Sinnesqualität, z. B. das Hören eines Wortes, einer Zahl, eines Tones, noch auf *eine andere* Sinnesqualität, wie das Sehen einer Farbe, quasi überspringt bzw. in diesem anderen Sinn noch einmal, d. h. doppelt dargestellt ist. Interessanterweise berichten die Synästhetiker, dass die Einheit des Bewusstseins und die Einheitlichkeit des Objektes hierdurch nicht verletzt sind. Beide Sinnesqualitäten werden *intermodal* (zwischen den beiden Sinnesqualitäten) vollständig in ein übergeordnetes Ganzes eingefügt. Dies ist für Neurobiologen sehr interessant; sie können versuchen, an diesem quasi unter natürlichen Bedingungen zusätzlich auftretenden Bewusstseinsphänomen aufzuklären, wie das Gehirn eine Einheitlichkeit des Bewusstseins erzeugt (Bewusstseinsintegration).

In diesem Sinne ist auch eine weitere Besonderheit bei der Synästhesie wichtig, nämlich das Phänomen, dass innere Gefühlszustände sich in Form von Sinneswahrnehmungen auf dem zusätzlichen »Synästhesie-Monitor« darstellen können. Mit anderen Worten: Auch die Frage nach der Verknüpfung von Wahrnehmungsgehalten mit Gefühlszuständen lässt sich in der Synästhesieforschung untersuchen.

Mittlerweile liegen erste Ergebnisse solcher Studien vor. Dabei scheint sich herauszukristallisieren, dass bei der Synästhesie jeweils zwei Areale der Großhirnrinde im Sinne einer »Dreifacherregung« mit einem Areal des limbischen Systems in Verbindung treten (vgl. S. 94 im Kapitel »Synästhesie und Bewusstsein«).

Bei der Erforschung der Synästhesie geht es nicht nur darum, ein ungewöhnliches Phänomen zu begreifen. Möglicherweise haben die Ergebnisse dieser Studien eine viel weiter reichende Bedeutung: Durch das Synästhesiephänomen hoffen Wissenschaftler besser zu verstehen, wie die »intermodale Integration« und so etwas wie ein einheitliches Bewusstsein entsteht. Dieses Thema beschäftigt Philosophen, Psychologen und Neurobiologen schon seit langer Zeit. Dass Menschen aus den vielfältigen, gelegentlich sogar widersprüchlichen Sinneseindrücken ein einheitliches Bild von der Wirklichkeit und den Objekten erzeugen können, hat bereits Immanuel Kant in seiner *Kritik der reinen Vernunft* angesprochen. Dort heißt es: »Der ich-denke-Gedanke muss alle meine Vorstellungen begleiten können.«

Dieses »Ich denke« (cogito) jedes Einzelnen ist die Macht, die alle Informationen zu einer Einheit verknüpft. Es erzeugt, in moderner psychologischer Sprache gesprochen, ein inneres »mitlaufendes Wirklichkeitsmodell«. Innerhalb dieses Modells wird ein Objekt zu einem geschlossenen Ganzen, einer neuen Einheit verschmolzen, einschließlich aller widersprüchlichen Aspekte. Dazu gehört auch ein »mitlaufender Gefühlston« – wie die mitlaufende andere Sinnesqualität bei der Synästhesie.

Bei diesem komplizierten Vorgang werden alle Teilaspekte der Wahrnehmung, des Fühlens und des Denkens in einer Weise zusammengefügt, dass der Eindruck der Einheitlichkeit entsteht. Wenn ich beispielsweise ein Kind mit einem roten Schal sehe, überlege ich nicht: Da ist ein Mensch, der ist ein Kind, mit einem Schal, und außerdem ist dieser auch noch rot. Stattdessen sehe ich dieses Kind als »synthetische Einheit«.

Derzeit gibt es eine Reihe aufregender neurobiologischer Thesen zu der Frage, was bei der Entstehung dieser intermodalen Integration in unserem Gehirn geschieht. Die Überprüfung dieser Thesen erweist sich aber als außerordentlich schwierig. Neue Hinweise darauf könnte vielleicht die Synästhesieforschung ergeben. Synästhetiker erzeugen offenbar durch die »Sinnesverschmelzung« eine ungewöhnliche intermodale Integration an einer Stelle, die von der Wahrnehmung nicht vorgesehen ist. Sie berichten nämlich einheitlich, dass das Farberlebnis bzw. das Erlebnis der geformten Farbe von der Wahrnehmung des Reizes aus dem primären Sinneskanal nicht zu trennen ist. Mit anderen Worten: Das Farberlebnis für die 4 und das Denken, Lesen oder Hören der 4 sind miteinander untrennbar im Sinne einer intermodalen Integration verbunden. Wenn man also den Mechanismus der synästhetischen Wahrnehmung verstehen würde, könnte man möglicherweise auch den Mechanismus der intermodalen Integration erklären.

Besonders für die Bewusstseinsforschung ist das Problem der intermodalen Integration von zentralem Interesse. Das Bewusstsein, mit dem wir uns selbst und die Welt subjektiv erleben, gehört zu den grundlegenden Themen der modernen Biologie. Ein besonders kritischer Punkt ist dabei das so genannte Bindungsproblem. Darunter versteht man Folgendes: Informationen aus den Sinnesorganen werden nicht an einem einzigen Ort im Gehirn zur jeweiligen Wahrnehmung gebündelt; selbst ein einzelnes Bild, das wir vor uns sehen, wird von verschiedenen Neuronengrup-pen in unterschiedlichen Hirnarealen verarbeitet. Es gibt Nervenzellen, die auf Farbe reagieren, andere werden bei Bewegung aktiv und wieder andere sind für weitere Qualitäten zuständig. Alle diese Informationen müssen danach wieder verbunden werden. Die zentrale Frage ist: Welche Mechanismen sorgen dafür, dass die Signale der über verschiedene Hirnareale verteilten Nervenzellen in eine einheitliche Wahrnehmung überführt werden? Es gibt dazu mehrere Hypothesen. Die Untersuchung der Synästhesie könnte helfen, die eine oder andere These zu stützen bzw. zu widerlegen. Welche Vorstellungen gibt es nun in der Neurobiologie darüber, auf welche Weise Synästhesiewahrnehmungen zustande kommen? Folgende Möglichkeiten sind derzeit in der Diskussion:

1. Eine abnormale Erregung zwischen assoziativen Großhirnarealen (»cross talkI«),
2. eine normale, aber deutlich gesteigerte Erregung von assoziativen Großhirnarealen (Bereiche, die Sinneseindrücke verknüpfen),
3. eine abnorme Verschaltung von Strukturen im limbischen System, die Emotionen verarbeiten, durch den Synästhesie auslösenden Reiz.

Diese Erklärungsansätze werden von verschiedenen Forschergruppen mit neurobiologischen Methoden untersucht (siehe »Wahrnehmung messen« und »Synästhesie und Bewusstsein«).

Wahrnehmung mit viel Gefühl: die »metaphorische« Form

Neben der eigentlichen, der genuinen Synästhesie gibt es noch ein weiteres Phänomen, das wir ebenfalls als eine Form der Synästhesie betrachten. Sie soll hier beschrieben werden. Die folgenden Ausführungen könnte man leicht als einen Bereich der Psychologie abtun, der mit Synästhesie nichts zu tun hat; andererseits aber könnte es sich auch zeigen, dass es sich dabei um einen besonders interessanten Ansatz für psychologische Forschung handelt. Besonders interessant deshalb, weil es um die Untersuchung einzigartiger Erscheinungen (Singularitäten) geht; diese Thematik wird in der Gefühlspsychologie erforscht. Wovon reden wir also hier?

Wenn in der Öffentlichkeit, in Rundfunk, Presse, Fernsehen Hinweise auf das Phänomen Synästhesie gegeben werden, so fühlen sich immer auch manche Menschen angesprochen, die ausgeprägte bildhafte geometrische und farbige Erlebnisse haben – beispielsweise beim Anhören von Musik, in Meditationen, in Ausnahmesituationen ihres Lebens etc. Richard E. Cytowic berichtet, dass diese Personen üblicherweise aus den Synästhesiestudien herausgenommen werden. Auch die Autoren einer italienisch/englischen Untersuchung sprachen mit Menschen, die metaphorische Beschreibungen abgaben, beispielsweise Dvoraks *Symphonie aus der Neuen Welt* in einer besonderen Form der »Grünheit« oder bestimmte Literatur als »Violetthaft« beschrieben. Diese Probanden wurden als »metaphorische Synästhetiker« bezeichnet und von der Untersuchung ausgeschlossen.

Nach unseren Erfahrungen ist diese Unterscheidung zwischen genuinen und metaphorischen Synästhetikern gar nicht so einfach. Wir möchten deshalb hier Aussagen von einigen unserer Probanden wiedergeben, die wir auch als »Randgruppen-Synästhetiker« oder »Gefühls-Synästhetiker« bezeichnen.

So berichtete eine Probandin, für sie seien die Zahlen, wenn sie im Alltag auftreten, immer mit Farben verbunden, allerdings könne sie diese Farben nicht von mitlaufenden Emotionen trennen: »Nicht alle Zahlen haben Farben, aber ein paar Farben haben für mich ganz deutlich Zahlen. Wenn ich darüber nachdenke: Keine einzige dieser Farben, die ich in den Zahlen sehe, ist eine Farbe, die ich besonders mag. Gelb ist die 4, richtig schönes normales Gelb, das die Leute als sonnengelb beschreiben würden – wunderbar, das ist doch positiv, das ist eine Farbe, die mich nicht anspricht. Meine Lieblingsfarbe Blau ist die 7, aber leider nicht in schöner Farbe, sondern in Vergissmeinnichtblau. Das mag ich auch nicht so gern. Es ist auch ein Anbiederblau. Und dann habe ich lange gerätselt … was ist nun eigentlich Rot und was Grün, weil sich das immer vermischt bei mir; ich glaube inzwischen ziemlich sicher, das Grün ist die 5 und Rot ist die 8. Und beides in Hochfarbe, richtig knallgrün. das ist eine Farbe, die ich überhaupt nicht mag. Es ist mir zu aufdringlich.« Diese Synästhetikerin hat auch Farberlebnisse bei Musik. »Ich möchte mich also mehr in die Musik fallen lassen, dann ist Musik für mich in den tieferen Tönen sehr schön verbunden mit kalten Farben wie Grün und Blau, das kann auch so ein bisschen indifferent sein, wie verschleiert.In den Formen, in den Abgrenzungen mag ich Klarheit sehr gern, aber wenn ich das mit Musik zusammen sehe, dann finde ich alle Erdtöne schön. Brauntöne und Braungrau ist für mich eine Farbe, die entsteht, wenn man sich vorstellt, man mischt Schwarz und Weiß und mischt da Braun hinein; das gibt so eine dreckige Farbe, bei der die meisten Leute sagen: ›Jgittigitt!‹ In eine solche Farbe könnte ich mich theoretisch hineinsetzen und das toll finden. Und wenn Musik in diesem Bereich ist, das ist wie wenn ich mich in solches Braun setze. Es ist aber nicht abrufbar. Ich kann nicht in ein Konzert gehen und sagen: Jetzt habe ich das und das, das ist ganz unterschiedlich.«

Eine andere Probandin berichtete über ganz feste Wechselbeziehungen zwischen sprachlichen Inhalten und bestimmten farbigen Symbolen auf dem inneren Bildschirm. Sie erzählte: »Auch mit offenen Augen sehe ich etwas, wenn Sie Worte aussprechen. Bei ›2 Dinge‹ ist das beispielsweise ein weißlicher Kreis mit einem roten Pfeil.« Dazu erklärte sie, dass es zwischen dem sprachlichen Ausdruck »2 Dinge« und dem weißlichen Kreis mit dem roten Pfeil einen festen Zusammenhang gibt; wenn man ihr auf einem Bildschirm dieses Bild zeigen würde, wüsste sie, was es bedeutet: »Ich könnte eine Sprache, eine Formelsprache oder eine Schriftsprache entwickeln. Wenn ich in einem Buch eine Seite lese, besteht sie aus Farbeffekten. Die könnte ich natürlich auch malen, aber das würde länger dauern und ich weiß nicht, ob ich sie dann wirklich so genau übertragen könnte, wie sie im Kopf sind, weil das im Kopf sehr schnell geht und bis ich es geschrieben habe, läuft es sehr viel langsamer ab.«

Über ihre Erlebnisse im Konzert erzählte diese Probandin Folgendes: »Das sind Räume, das sind Dimensionen. Ich erinnere mich z. B. an eine Beethoven-Symphonie, in der ich einfach durch getäfelte braune Räume in verschiedenen Holzfarben schnell laufe oder fliege, das geht dann wohl auch nach dem Rhythmus und das ist manchmal so stark, dass mir schwindlig wird. Ich bin kein großer Konzertbesucher, weil das manchmal sehr anstrengend ist.«

Eine andere Probandin, eine Ärztin aus Bulgarien, berichtete über ein einziges prägnantes Synästhesieerlebnis, an das sie sich noch heute genau erinnert: das Auftreten einer visuellen Wahrnehmung, einer »weißbeigen Sensation, eiförmig, wie ein kleiner Leuchtkörper« bei einem bestimmten akustischen Reiz. Außerdem hatte sie sehr intensive Farbphantasien. Sie arbeitete inzwischen als fotografische Künstlerin; in ihren Werken kopierte sie verschiedene Farbschichten übereinander. Davor war sie nach eigener Aussage als Bioenergie-Therapeutin erfolgreich.

Ihre Wahrnehmung beschrieb eine weitere Probandin wie folgt: Sie hat gewissermaßen zwei Augen, ein inneres und ein äußeres, welche ganz verschiedene Farben sehen: »Ich bin, sagen wir mal, bei mir im Wohnzimmer und ich will aus der Küche etwas holen – und meine ganze Küche ist blau. Oder mein Bad ist grün oder das Wohnzimmer ist orange. Natürlich sehe ich meinen Kühlschrank und Schränke und Herd darin, auch das Tapetenmuster.« Auf die Frage, welchen Wert diese Farben für sie haben, antwortete sie: »Zu 99,9 % sind sie positiv. Das ist so schön. Manche Menschen sind so verbiestert, wenn die manchmal wie ich sehen würden, wovon sie umgeben sind, würden sie sich alle nicht mehr zanken.«

Darüber hinaus berichtete diese Frau, dass sie durch solche Erlebnisse mehr innere Sicherheit gewinnt, ja sogar Angstfreiheit. Sie kennt auch starke musikalische Erlebnisse in verschiedenen Farben und Lichtern und manchmal erstrahlen in bestimmten Situationen Menschen in besonderen farbigen Lichtern. Das hat dann für sie eine spezielle Bedeutung. Seit einiger Zeit hält diese Probandin die farbigen Bilder, die sich in bestimmten Situationen einstellen, in Farbzeichnungen fest. Sie schreibt hierzu: »Bevor ich etwas von Synästhesie wusste, habe ich zwar auch immer meine Bilder mit großer Freude betrachtet, habe mit ihnen und in ihnen gelebt, aber ich hatte im Hinterkopf einen Anflug von schlechtem Gewissen: Durfte ich doppelte Freude – z. B. Musik hören und sehen – erleben? Ich kam mir vor wie jemand, der dauernd etwas Unerlaubtes mit großem Vergnügen tut. Das alles ist mir aber erst in der letzten Zeit so richtig klar geworden. Denn jetzt erlebe ich alles noch viel bewusster und ohne schlechtes Gewissen. Im Bewusstsein, dass es Synästhesie ist, fühle ich mich innerlich gefestigt, gestärkt. Ich habe das Gefühl, aufrechter zu gehen, und fühle mich dabei wunderbar leicht und locker, sehr, sehr frei und dabei allein in einer unendlichen, grenzenlosen Weite. Es ist ein wunderbares Gefühl.«

In diesen Beschreibungen wird eine Eigenheit der Gefühls-Synästhesie deutlich: Die Wahrnehmungen des »inneren Auges« sind mit starken Emotionen verbunden. Für die Erforschung dieses Phänomens spielt das eine wichtige Rolle. In der angloamerikanischen Psychologie ist neuerdings ein Begriff aufgetaucht, der für die Emotionspsychologie sehr bedeutend werden könnte, nämlich der Begriff des »Metamood« (Goleman 1995), was etwa »mitlaufende Stimmung« bedeutet.

Darunter versteht man die Fähigkeit bestimmter Menschen, über ihre Gefühle zu bestimmen. Sie empfinden Gefühle nicht einfach nur, sondern sehen sie in einem inneren Schema noch einmal vor sich, sie können sich ihre Emotionen bewusst machen und haben dadurch die Möglichkeit, sich noch einmal in einer bestimmten Weise zu verhalten – sie zu verändern, abzulehnen, abzuwandeln, zu verstärken oder sich stärker auf sie einzulassen.

Unserer Ansicht nach kann man die Beispiele, die wir oben vorgestellt haben, auch als Erscheinungsformen dieses »Metamood« betrachten. Bei der Gefühls-Synästhesie würde damit eine Stimmung erzeugt, die die Wahrnehmung begleitet. In der Tat zeigen die von uns bisher untersuchten Personen mit Randgruppen-Synästhesie-Eigenschaften erstaunliche psychologische Besonderheiten: eine besondere innere Festigkeit, Angstfreiheit und eine geradezu imposante Beständigkeit und innere Verankerung ihrer Persönlichkeit. Dies geht einher mit einer sehr intensiven Verbundenheit mit sich selbst, einer hoch entwickelten Fähigkeit zum Kontakt mit dem eigenen Selbst. So sagte eine Betroffene: »Das normale Leben ist eine Ablenkung von dem, was ich eigentlich lebe.« Anders ausgedrückt: Ihre eigentliche Existenz findet in der eigenen Persönlichkeit statt.

Auffallend häufig findet man bei Gefühls-Synästhetikerinnen mediale Eigenschaften, Dejä-vu-Erlebnisse, präkognitive Träume (Voraussehen zukünftiger Ereignisse), Fähigkeit zum Wachtraum bis hin zur Telepathie und Hellseherei (vgl. »Psychische Eigenheiten«). Dies sind Eigenschaften, wie sie der Psychologe C. G. Jung in seinen Arbeiten über akausale Zusammenhänge (ohne erkennbare Ursache) beschrieben hat. Mit üblichen naturwissenschaftlichen Methoden kann man derartige Phänomene nicht erforschen, da die Versuche nicht wiederholt werden können. Niemals ist ein Gefühlszustand genau derselbe wie vorher oder nachher. Wenn also die Vorstellung stimmt, dass ein Teil der bildhaften Erscheinungen auf dem »inneren Monitor« Abbildungen von Gefühlszu-ständen darstellt, so ist gerade das typisch für diese inneren Wahrnehmungen – sie können nicht reproduziert werden. Die Möglichkeiten, solche einmalige Prozesse zu erforschen, sind sehr eingeschränkt.

Vielleicht kann hierbei Hilfe aus einer ganz unerwarteten Richtung kommen – aus der Physik. In den letzten Jahren hat sich dort nämlich ein interessanter Bereich herausgebildet: nicht-linear-dynamische Prozesse. Hier könnten einzigartige Ereignisse, die so genannten Singularitäten, Gegenstand der Forschung werden.

Schon 1932-1958, im Dialog zwischen dem Physiker und Nobelpreisträger Wolfgang Pauli und dem Tiefenpsychologen und Psychoanalytiker C. G. Jung, wurden solche Prinzipien der Singularitätsforschung skizziert (Pauli 1992). Das geschah nicht etwa zufällig, denn das psychische Leben ist in der Tat eine lange Reihe von Singularitäten, von ineinander übergehenden Einzelfällen.

Besondere Fähigkeiten

In seinem Buch *Kleines Portrait eines großen Gedächtnisses* – in Deutsch erstmals 1991 erschienen – beschrieb der bedeutende russische Neuropsychologe Alexander Lurija 1971 einen Zeitungsreporter, der seinem leitenden Redakteur dadurch aufgefallen war, dass er sich langwierige Anweisungen in Redaktionssitzungen nie aufschrieb und sie sich dennoch vollständig merken konnte. Dieser etwa 1925 erstmals untersuchte Proband konnte sich lange Listen von Zufallszahlen und Wörtern, etwa 70 Elemente, nach einmaligem Hören merken und sie fehlerlos wiedergeben. »Die Versuche zeigten, dass er eine beliebig lange Reihe von Wörtern, die ihm vor einer Woche, einem Monat, einem Jahr, ja vor vielen Jahren gegeben worden waren, ohne ersichtliche Mühe wiedergeben konnte. In solchen Fällen setzte sich S. hin, schloss die Augen, machte eine Pause und sagte dann: ›Ja, ja, das war bei Ihnen in der Wohnung. Sie saßen am Tisch, ich im Schaukelstuhl. Sie trugen einen grauen Anzug und sahen mich so an. Nun. ich sehe, was sie damals zu mir sagten.‹ – und dann folgte die fehlerlose Wiedergabe der damals vorgelesenen Reihe.« Wie ist ein derartiges Phänomen zu erklären? Lurija konnte nachweisen, dass bei Herrn S. eine besondere Form von Synästhesie vorlag, bereits seit seiner frühesten Kindheit.

Aufgrund derartiger Beobachtungen entstand die Vorstellung, Synästhesie sei eine Art »Übergedächtnis« für Phänomene, bei denen Wahrnehmungen verknüpft werden. Die Forschung konnte dies aber nur teilweise bestätigen. Offenbar werden in einer frühen Phase der

Mein krankes Auge. Zeichnung von Gisela Giese

Kindheit die Verknüpfungs-Erlebnisse bei Synästhetikern gewissermaßen innerlich »festgeschrieben«. Dies bedeutet nicht, dass die Betroffenen auch im weiteren Leben Assoziations-Leistungen sehr intensiv in der Erinnerung behalten – in dem von Lurija beschriebenen Fall traf dies zwar zu, aber das war eine besondere Ausnahme. Er gehörte auch zu den wenigen Fällen, bei denen die synästhetische Wahrnehmung so intensiv ist, dass sie das Denken beeinträchtigt.

Synästhetiker sind »normale, gesunde Personen« im konventionellen Sinn, ohne psychiatrische oder körperliche Auffälligkeiten. Richard E. Cytowic schreibt, dass Synästhetiker eine überdurchschnittliche Intelligenz besitzen, im mathematischen Bereich aber häufig leichte Schwierigkeiten haben: Eine kleine Minderheit hat erhebliche Rechenschwierigkeiten (Dyskalkulie). Nicht selten findet man in der Verwandtschaft der Synästhetiker Beeinträchtigungen wie Autismus, Dyslexie (Störung der Lesefähigkeit) und Aufmerksamkeitsschwächen; ca. 15 % der Verwandten ersten Grades sind betroffen. Besonders ausgeprägt ist das Sprachgedächtnis bei Synästhetikern. Sie können sich an Gespräche,

Literatur, gesprochene Anweisungen usw. überdurchschnittlich gut erinnern und sie wiedergeben. Außerdem haben sie ein gutes räumliches Vorstellungsvermögen und können Objekte im Raum, Seitenzahlen von Büchern oder Textpassagen überdurchschnittlich gut zuordnen. Auf Ordnung, Symmetrie und Ausgeglichenheit legen sie großen Wert. Beim Wechsler Gedächtnistest, einem psychometrischen Test zur Erfassung von verbalem und figuralemKurz- und Langzeitgedächtnisleistungen, schneiden Personen mit synästhetischer Wahrnehmung häufig besser ab als der Durchschnitt der Bevölkerung (Cytowic 1995).

Kann man Synästhesie lernen?

Synästhesie im eigentlichen »neurobiologischen« Sinne ist sicherlich nicht erlernbar; es handelt sich dabei um eine ungewöhnliche Organisation der Wahrnehmung, die sich wahrscheinlich in der Kindheit und Jugend entwickelt und bis ins Erwachsenenalter persistiert. Auch wenn das Gehirn sehr flexibel ist – für synästhetische Wahrnehmungen muss man vermutlich die passende Anlage mitbringen.

Aneignen kann man sich aber zu einem gewissen Maß die innere Wachheit für die eigenen Emotionen, die vor allem die Gefühls-Synästhesie kennzeichnet. Synästhesie kann man als Beispiel für eine Lebensform betrachten, die dem normalen Leben ganz neue Aspekte hinzufügt. Im Kapitel »Synästhesie als Lebensform« wird dies ausführlicher erläutert.

Erworbene Synästhesie

Durch den Konsum von Drogen kann man Wahrnehmungen erleben, die denen der genuinen Synästhesie ähneln. Insbesondere nach der Einnahme von Lysergsäurediethylamid (LSD) berichten Konsumenten von synästhetischen Erfahrungen. LSD gehört zur Gruppe der so genannten Psychedelika (Synonym für Halluzinogene), ebenso wie Meskalin und Psilocybin; mit diesen Substanzen können einerseits synästhetische Erlebnisse, aber auch psychotische Zustände hervorgerufen werden.

Nach der Einnahme einer solchen Droge bemerken die Konsumenten als Erstes, dass sich die Sinneswahrnehmung, insbesondere die visuelle Wahrnehmung, ändert. In seinem berühmten Buch *Die Pforten der Wahrnehmung* beschrieb der britische Autor Aldous Huxley bereits 1954 ausführlich und in sehr anschaulicher Weise einen Meskalinrausch mit der veränderten visuellen Wahrnehmung: »Eine halbe Stunde nachdem ich das Meskalin genommen hatte, wurde ich mir eines langsamen Reigens goldener Lichter bewusst. Ein wenig später zeigten sich prächtige rote Flächen und sie schwollen an.« Ein Synästhesieerlebnis unter LSD schilderte er folgendermaßen: »Eine Stunde nach der LSD-Einnahme liefen Schallwellen vor meinen Augen, als ich in die Hände klatschte. Klatschten zwei Personen mit unterschiedlicher Frequenz, sah ich zwei Wellenzüge, die sich in ihrer Amplitude unterschieden und miteinander zu kollidieren schienen.« Neben der veränderten Wahrnehmung verursacht der LSD-Konsum allerdings auch viele körperliche Symptome wie Herzrasen, Fieber und Schwitzen; sogar Todesfälle durch Herz-Kreislauf-Versagen kommen vor. Einer der Autoren des Buches erlebte im Rahmen einer kontrollierten wissenschaftlichen Studie zu bewusstseinserweiterenden psychotropen Substanzen unter der Applikation von Psilocybin eine veränderte, synästhetische Wahrnehmung. Nach Durchführung der eigentlichen Studie hörte man im Labor zur Entspannung noch Musik. Dabei taten sich ungewohnte Welten auf. Die Musik wurde wie durch ein Wunder in komplexe, bunte geometrische Formen und Bilder übersetzt, die sich mit der Musik veränderten.

Synästhesien können nicht nur durch Drogen, sondern darüber hinaus durch verschiedene körperliche Erkrankungen plötzlich auftreten. Dazu zählen die multiple Sklerose, Retinitis pigmentosa, Arteriitis temporalis, Migräne usw. (Armel und Ramachandran 1999, Jacobs et al. 1981). Typisch für diese Form der Synästhesie ist, dass sie erst im Erwachsenenalter in Erscheinung tritt – in Verbindung mit Schädel-Hirn-Traumata und anderen Erkrankungen des zentralen Nervensystems. Als mögliche Ursache für diese Phänomene wird eine sensorische Deafferenzierung (Unterbrechung der Nervenverbindungen von den Sinnesorganen zum Gehirn) angenommen. Aus pharmakologischer Sicht könnte dabei eine Hyperaktivität des serotonergen Transmittersystems von Bedeutung sein (Borgaard 2013).

Wahrnehmung messen: die Erforschung der Synästhesie

Heute lässt sich mit modernen elektrophysiologischen und funktionell bildgebenden Verfahren genau untersuchen, wie sich der Stoffwechsel im Gehirn bei synästhetischen Wahrnehmungen verändert. Besonders interessant ist dabei, dass man gesunde Personen untersuchen kann, bei denen die Wirklichkeit etwas anders gestaltet wird (Synästhetiker) als bei anderen Menschen (Nicht-Synästhetiker); die Forscher versuchen herauszufinden, wie diese individuelle Eigenart entsteht.

Die grundsätzliche Frage bei diesen Untersuchungen ist, welche Prozesse sich bei der Kopplung (englisch: binding) verschiedener Sinnesqualitäten im Gehirn abspielen. Diese Prozesse stellen sicher, dass Gegenstände in unserem Bewusstsein nicht in Form einzelner getrennter Eigenschaften vorkommen, sondern als einheitliche Objekte, deren Merkmale in einem sinnvollen Zusammenhang stehen. Synästhetiker können solche Einheiten aus mehreren Sinneseindrücken ebenso bilden wie andere Menschen. Sie zeichnen sich aber dadurch aus, dass sie eine zusätzliche Verknüpfung herstellen – an einer Stelle, die hierfür normalerweise nicht vorgesehen ist. Das führt dazu, dass sie beispielsweise bei einem akustischen Signal einen bestimmten visuellen Eindruck wahrnehmen, der sich auf den Stimulus bezieht (eine Repräsentanz). Die Betroffenen erleben diesen nicht als zusätzlich hinzukommende Sinnesqualität, sondern beide Reize gehören für sie untrennbar zusammen.

Traudl Pahlke zu ihrem Bild (Kohle und Sprühlack): Es ist in Anlehnung an die Fuge in D-dur aus dem *Wohltemperierten Klavier* von J. S. Bach entstanden. Ich habe darunter geschrieben: Fuge in C-dur, denn C-dur ist für mich schwarz. Als ich die Fuge das nächste Mal am Klavier spielte, stellte ich fest, dass sie in D-dur steht und war völlig irritiert, denn D-dur ist doch braun! So kommt dieses Bild zu dem Titel »Fuge in D-dur aus dem Wohltemperierten Klavier, transponiert nach C-dur«.

Wenn es gelingt, mithilfe moderner Verfahren die funktionelle Entstehung dieser zusätzlichen Verknüpfung aufzuklären – dieser, wenn man so will, übergeordneten Verknüpfung (hyper-binding) –, könnten wir besser verstehen, wie dieses Phänomen prinzipiell entsteht.

Neue Methoden

Durch die technischen Fortschritte der vergangenen Jahrzehnte ist es den Neurowissenschaften gelungen, die Aktivität von Nervenzellen im menschlichen Gehirn mit nicht-invasiven Methoden aufzuzeichnen, also ohne operativen Eingriff. Auf diese Weise konnte man mit objektiven Verfahren darstellen, welche Neuronen arbeiten, wenn der Proband z. B. ein akustisches Signal wahrnimmt; so lassen sich bestimmte Reize, in diesem Fall das akustische Signal, den zuständigen Hirnregionen zuordnen. Bei Synästhetikern sollten demnach die Bereiche, die bei einem Reiz aktiviert werden, Hinweise auf die physiologischen Vorgänge im Gehirn während der synästhetischen Wahrnehmung geben. Durch die

Knisternde und reibende Geräusche. Collage von Matthias Waldeck

Verfahren der funktionellen Bildgebung konnte gezeigt werden, dass man bewusst etwas sehen (halluzinieren) kann, ohne dass die primäre Sehrinde aktiv ist (Zeki 1993). Endlich wurde die Synästhesie in der Wissenschaft ernst genommen.

Unter dem Begriff »funktionelle Bildgebung« versteht man die bildliche Darstellung der Aktivität des menschlichen Gehirns. Möglich ist dies mit mehreren Verfahren, die auf unterschiedlichen Prinzipien beruhen. Bei den nuklearmedizinischen Methoden wie der Positronen-Emissions-Tomographie (PET) oder der Single-Photon-Emission-Computed-Tomography (SPECT) werden radioaktiv markierte Stoffe verabreicht und Veränderungen des Blutflusses in bestimmten Bereichen des Gehirns oder Veränderungen des Hirnstoffwechsels erfasst. Diese Daten geben indirekt Aufschluss über die Hirnaktivität. Anders funktionieren neuroradiologische Verfahren wie die funktionelle Kernspintomographie (fMRT): Sie erzeugt Aufnahmen des Gehirns, auf denen sich aktive Bereiche deshalb abheben, weil sauerstoffreiches Blut andere magnetische Eigenschaften hat als sauerstoffarmes (S. 65). Wenn Nervenzellen im Gehirn ihre Aktivität erhöhen, erweitern sich

Ostsee V und VIII. Gemälde von Matthias Waldeck

die Blutgefäße in der betreffenden Region und der Stoffwechsel der Nervenzellen schaltet um. Durch die erweiterten Gefäße fließt mehr sauerstoffgesättigtes Blut und das führt zu einem Signalanstieg, dem so genannten BOLD-Effekt (Blood-Oxygenation-Level-Dependent-Effect). Der Vorteil der fMRT-Methode ist, dass sie ohne den Einsatz radioaktiver Strahlen auskommt.

Alle funktionell bildgebenden Verfahren liefern Bilder mit relativ guter räumlicher Auflösung, allerdings lassen sich damit zeitliche Abläufe in den neuronalen Prozessen nur unzureichend verfolgen. Dafür bieten sich neurophysiologische Untersuchungsmethoden wie die Ableitung er-eigniskorrelierter Hirnpotenziale an. Bei diesem Verfahren ist die räumliche Auflösung zwar schwach, aber die zeitlichen Abläufe der Nervenzellaktivität lassen sich hervorragend darstellen. Ereigniskorrelierte Potenziale (EKP) sind Schwankungen in einem Hirnstrombild (Elektroenzephalogramm – EEG), die an ein bestimmtes Ereignis wie einen Sinnesreiz gekoppelt sind und zu diesem synchron verlaufen. Beim EEG werden mit Oberflächenelektroden Stromschwankungen der Hirnrinde von der Kopfoberfläche abgeleitet.

Der Ablauf bei diesen Versuchen wird im Folgenden kurz beschrieben. Durch definierte Reize ruft man bei den Versuchspersonen an entsprechenden Stellen im Gehirn Potenziale hervor; sie werden ermittelt, indem man die Spannungsdifferenzen im EEG erfasst und zeitliche Markierungen setzt, die anzeigen, wann bestimmte Ereignisse während der Aufzeichnung eintraten. Zunächst zeichnet man das so genannte Spontan-EEG auf, das eine zufällige Abfolge von Spannungsschwankungen darstellt und bei einer ausreichend großen Anzahl von Versuchen im Mittel bei Null liegt. Von diesem »Rauschen« heben sich Veränderungen ab, die z. B. durch visuelle Reize hervorgerufen werden; sie bleiben bei einer Mittelung zum Zeitpunkt des Reizes noch deutlich sichtbar. Diese spezifischen EEG-Veränderungen können heutzutage mit bestimmten Verfahren dargestellt werden, die es erlauben, ganz speziell die Phase des EEGs bei dem interessanten Ereignis auszuwerten. Damit sich das wirkliche Signal deutlich vom Rauschen abhebt, muss man eine große Anzahl von Versuchen durchführen.

Bei den Potenzialen unterscheidet man generell zwischen so genannten exogenen und endogenen Komponenten. Die exogenen oder auch frühen Potenziale unterscheiden sich in Latenz (Zeit zwischen Reiz und Reaktion), Amplitude etc., je nach den physikalischen Eigenschaften des Reizes. Dagegen hängen die endogenen Komponenten in erster Linie davon ab, wie der Reiz im Gehirn verarbeitet wird. Von endogenen Komponenten spricht man bei Latenzen von mehr als 100 Millisekunden.

Mit allen diesen Verfahren haben Wissenschaftler bereits versucht, Hinweise auf die Abläufe bei der Wahrnehmung von Synästhetikern zu

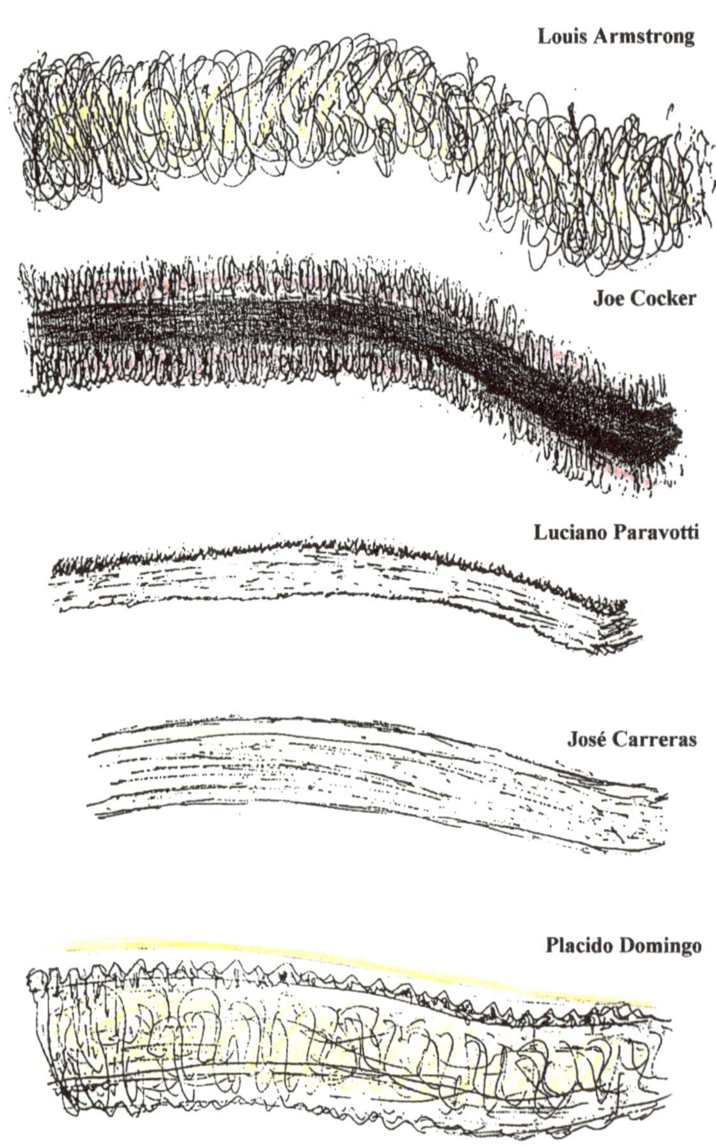

Stimmen verschiedener Sänger. Zeichnungen von Matthias Waldeck

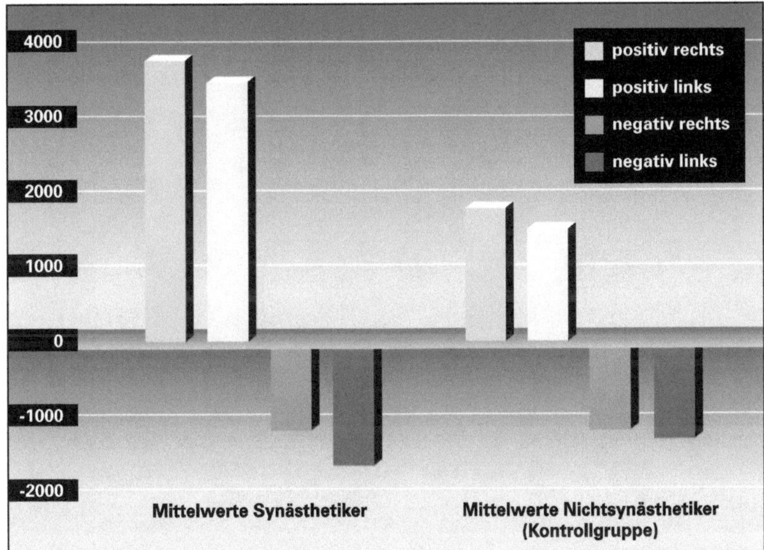

Durchschnittliche Gesamtaktivierung (positive Werte) der rechten und linken Hirnhälfte, untersucht in fünf ausgewählten Schnittebenen mit funktioneller Kernspintomographie. Beim Vergleich der Ruhebedingung mit der akustischen Stimulation (Worte) sieht man eine deutlich höhere Aktivierung bei den Synästhetikern. Die Bedeutung der negativen Werte ist derzeit noch unklar. Die fMRT-Untersuchung wurde in Kooperation mit dem Institut für Neurobiologie der Universität Magdeburg, Professor Dr. Henning Scheich, durchgeführt.

finden. Doch welche Ergebnisse wurden dabei erzielt? Bei ersten Untersuchungen mit elektrophysiologischen Methoden zeichnete man ereignis-korrelierte Potenziale auf (Schiltz et al. 1998) und beobachtete bei Versuchspersonen mit Synästhesie-Eigenschaften im Stirnlappenbereich auffällige Potenziale im 400-Millisekunden-Rhythmus, die mit den Reizen auftraten. Daraus kann man schließen, dass der präfrontale Bereich, der vorderste Teil des Stirnlappens (S. 32), am Synästhesiephänomen beteiligt ist; dort werden offenbar Informationen von Großhirnrinde (präfrontal) und limbischen Strukturen verknüpft. Mehr darüber im folgenden Kapitel.

Schubert, *A-Dur-Sonate op. 959*. Gemälde von Susanne Ritzel

Vivaldi – *Der Herbst*. F-Dur. Gemälde von Susanne Ritzel

Ergebnisse und Theorien

Wenn man das Phänomen Synästhesie erforschen will, muss man die unterschiedlichen Formen berücksichtigen. Die »genuine« Synästhesie beginnt in der Regel in der frühen Kindheit (»seit ich denken kann«), sie wird unwillkürlich hervorgerufen, ist eine passive Erfahrung, die jemand erlebt (im Gegensatz zur aktiven Imagination, der Erzeugung von Phantasiebildern), und wird durch einen Reiz ausgelöst, der normalerweise ohne Schwierigkeiten identifiziert werden kann. Sie ist von den erworbenen Synästhesien zunächst abzugrenzen. Solche erworbenen Synästhesien kennt man z. B. bei neurologischen Krankheiten und bei Einnahme psychoaktiver Drogen wie insbesondere LSD und Meskalin (siehe »Erworbene Synästhesie«). Häufig gehen diese Phänomene mit Halluzinationen und dem Verlust der Realitätswahrnehmung einher, in der Regel sind sie nicht von Dauer – beides trifft bei der genuinen Synästhesie nicht zu.

Einen deutlichen Unterschied stellt man auch zwischen genuiner und metaphorischer (Gefühlszustände mit zugeordneten imaginierten Wahrnehmungen) oder Gefühls-Synästhesie fest.

Um sie eindeutig zu trennen, bedarf es sehr exakter Tests (Baron-Cohen et al. 1987). Aufgrund solcher Tests konnten charakteristische Unterschiede zwischen den beiden Phänomenen formuliert werden. Die Gefühls-Synästhesie wird nicht zwingend durch einen Reiz ausgelöst; häufig stellt die Beschreibung der Wahrnehmungen eher eine Analogie dar und die Betroffenen können sie willkürlich hervorrufen. Ein weiteres Phänomen, das nicht direkt in den Bereich der Synästhesie fällt, ist die so genannte »assoziative Pseudo-synästhesie«. Bei diesem Phänomen gehen die Forscher davon aus, dass die Betroffenen in der Kindheit gelernt haben, Buchstaben mit Farben zu verknüpfen, was ihnen synästhetische Wahrnehmungen ermöglicht. Die Voraussetzung ist ein aktiver Lernvorgang.

So verschieden wie die Ausprägungen der Synästhesie sind auch die theoretischen Konzepte, mit denen Wissenschaftler sie zu erklären versuchen. Da die einzelnen Forscher aus ganz verschiedenen Bereichen kommen, gehen sie von unterschiedlichen Theorien über Funktion und Struktur des Geistes und einem unterschiedlichen Verständnis von Bewusstsein und Wahrnehmung aus; diese Konzepte haben zu wesentlichen Unterschieden in den Theorien geführt.

Bleibende Verbindungen aus der Kindheit

Manche Wissenschaftler nehmen an, dass bei Synästhesie Nervenverbindungen aus der Neugeborenenperiode erhalten geblieben sind, die im »Normalfall« während der frühen Kindheit verschwinden. Solche Verbindungen zwischen Hör- und Sehbereichen im Gehirn sind auch bei anderen Lebewesen wie Makaken und der Hauskatze gefunden worden (Kennedy et al. 1997). Sie scheinen nur vorübergehend zu existieren und sich ca. drei Monate nach der Geburt wieder zurückzubilden. Unterstützt wird die Vorstellung von solchen vorübergehenden Verbindungen bei Neugeborenen durch Ergebnisse aus der Säuglingsforschung.

Im Unterschied zu vielen früheren Experimenten weisen neuere Studien daraufhin, dass Menschen in dieser ersten Lebensperiode keineswegs verschiedene zusammenpassende Sinneseindrücke ineinander überführen (cross-modaler Transfer), wie Metzloff und Borton (1979) angenommen hatten, sondern dass sie vielmehr Signale aus unterschiedlichen Sinnesbereichen durcheinanderbringen (cross-modale Konfusion; Maurer 1997). Bei Neugeborenen können demnach Töne nicht nur einen Höreindruck hervorrufen, sondern auch visuelle oder andere Wahrnehmungen. Säuglinge – so scheint es – formen Muster unabhängig von der Sinnesqualität, sondern reagieren auf Veränderungen der Energie (Intensitätsgrade) über Zeit oder Raum. Dabei ignorieren sie die Qualität des Reizes, sie nehmen ihn amodal wahr. Stern (1992) drückte es wie folgt aus: »So hätten wir es nicht mit einem simplen Vorgang einer direkten Übertragung zwischen verschiedenen Modi zu tun, sondern mit einer Enkodierung in eine bislang noch rätselhafte, amodale [supramodale] Repräsentation, die dann in jedem Sinnesmodus wiedererkannt werden kann.«

Mit der Entwicklung des Gehirns ändert sich auch die Wahrnehmung des Kleinkindes. Segal (1997) geht davon aus, dass die Verarbeitung von Information aus den verschiedenen Sinnesorganen im Rahmen der Entwicklung getrennt wird. Zuvor könnte man von einer Panästhesie als synästhesie-ähnliche Erscheinungsform sprechen (Maurer 2013). Synästhesie im Erwachsenenalter könnte dann bedeuten, dass diese Trennung (Modularisation) nicht abgeschlossen wurde. Das bedeutet nicht unbedingt, dass der Wahrnehmungsapparat weniger Sinnesqualitäten unterscheidet. Bei Synästhetikern fehlt kein visuelles oder auditorisches Modul; die zusätzliche Verbindung zwischen den beiden Systemen bedeutet nicht, dass sie nicht getrennt voneinander arbeiten. Im Unterschied zu Segals Vorstellung nehmen Baron-Cohen et al. (1993) hingegen an, dass die modulare Organisation der Wahrnehmung bei Synästhetikern zusammengebrochen ist.

Forscher unterstützen die Hypothese, dass funktionelle Verbindungen innerhalb und zwischen sensorischen Bereichen, die bei der Geburt vorhanden sind, bis zu einem gewissen Grad bis ins Erwachsenenalter bestehen bleiben. Diese können bei Synästhesie, durch die uns allen gemeinsamen Mechanismen selektiv verstärkt werden: selektives Pruning (entwicklungspsychologisch: ständiger Aufbau, aber auch wieder Abbau synaptischer Verbindungen bis zur Pubertät) und Hemmung. Aus dieser Perspektive sind konsistente Assoziationen, die bei Synästhetikern gefunden werden, wahrscheinlich schon in der frühen Entwicklung als Einflüsse auf die Wahrnehmung, als Einschränkungen beim Erlernen von umweltbasierten Assoziationen und als Auswirkungen auf die Bereitschaft vorhanden, zum Beispiel der Bereitschaft, mit der neue Wörter gelernt werden. Diese Hypothesen legen nahe, dass beeinflusst wird, was wir aus der Umwelt aufnehmen, nämlich durcheine systematische Art und Weise, wie sensorische Informationen während der Entwicklung modalitätsübergreifend übertragen werden. Synästhetiker haben möglicherweise bewussten Zugang zu einem Teil dieses Übersetzungsprozesses, dessen Ursprünge in der anfänglichen Organisation des sensorischen neuronalen Systems liegen (siehe auch Spector et al. 2009).

Ungewöhnliche Wechselbeziehungen

Eine weitere Theorie des amerikanischen Synästhesie-Forschers Peter G. Grossenbacher (1997) beruht auf neuroanatomischen Studien, die zeigen, dass die Sinneswahrnehmungen nicht ausschließlich in eine Richtung (vom Sinnesorgan zum Wahrnehmungszentrum) geleitet werden, sondern dass sie auch in Wechselbeziehung zueinander treten können. Daraus ergibt sich auch eine Erklärungsmöglichkeit für das Phänomen der Synästhesie. Ein über den Hörnerv eintreffendes Signal könnte dann einerseits so verarbeitet werden, dass der Betreffende einen Ton wahrnimmt, gleichzeitig könnte der Reiz aber noch weitergeleitet werden. Über so genannte multimodale Systeme und Rückmeldungen innerhalb des visuellen Wahrnehmungssystems könnte er zu untergeordneten Sehzentren gelangen; diese könnten ihrerseits eine Aktivierung in die umgekehrte Richtung hervorrufen und somit zu einer visuellen, d. h. synästhetischen Wahrnehmung führen. Möglicherweise, so Peter G. Grossenbacher, sind diese untergeordneten Areale bei Synästhetikern wesentlich empfindlicher als bei anderen Menschen.

Richard E. Cytowic konnte bei seinen Versuchen in den 80er-Jahren beobachten, dass bei synästhetischer Wahrnehmung Strukturen des limbischen Systems aktiviert werden. Allerdings setzte er noch ein schwach auflösendes Verfahren ein – die Xenon-Clearance-Methode. Das limbische System ist ein Komplex im Gehirn, der Gefühle und Affekte reguliert und unter der Hirnrinde liegt (S. 35). Mittlerweile konnten verschiedene Wissenschaftler mit neueren, besseren Methoden weit genauere Daten gewinnen. Der italienische Hirnforscher Eraldo Paulesu versuchte mit seiner Arbeitsgruppe durch Positronen-Emissions-Tomographie (siehe »Wahrnehmung messen«) nachzuweisen, wie Synästhesie im Gehirn entsteht (Paulesu et al. 1995). Dabei verwendeten sie ausschließlich akustische Reize. Interessanterweise beobachteten sie bei Probanden mit Farb-Wort-Synästhesie keine bedeutende Zunahme des Blutflusses in den Arealen V1 und V2 der primären Sehrinde, die am hinteren Ende (Okzipitalpol) des Gehirns liegt. Sie stellten nur eine schwache Aktivierung des Areals V4 fest, das vermutlich entscheidend an der Farb-Form-Wahrnehmung beteiligt ist (Zeki et al. 1991). Stark aktiviert wurde aber die hintere untere Region des linken Schläfenlappens, die rechte präfrontale Hirnrinde (der vorderste Teil des Stirnlappens, S. 32), die Insula (ein Areal in der Tiefe der seitlichen Hirnrinde) und der obere Schläfenlappen.

Einige dieser beteiligten Gehirnbereiche sind für die Verknüpfung visueller Informationen auf höchster Ebene zuständig, andere Teile der Großhirnrinde haben nichts mit dem visuellen Wahrnehmungssystem zu tun. Der Schläfenlappen ist für die Kopplung von Wahrnehmung und Emotion besonders wichtig; Störungen in diesem Teil des Gehirns können besondere Epilepsieformen, Gedächtnisstörungen und Affekt-Entgleisungen hervorrufen. Die präfrontale Hirnrinde ist für Aufmerksamkeit und planerisches Handeln von Bedeutung.

Eraldo Paulesu nahm an, dass der hintere untere Schläfenlappen an komplexen Aspekten der Farbwahrnehmung und an der Verknüpfung von Farbe und Form beteiligt ist. Nach seiner Vorstellung entsteht Farb-Wort-Synästhesie durch eine Wechselbeziehung von Hirnarealen, die für Sprache und Sehen zuständig sind. Eine Schlüsselrolle würden dabei die so genannten assoziativen Hirnareale spielen, die an der Grenze zwischen dem Sprachsystem und dem visuellen System liegen. Aktivität in visuellen Bereichen des Gehirns ohne visuellen Reiz geht nach Paulesus These auf eine seltene anatomische Verbindung zwischen den Sprach- und Seharealen zurück. Paulesu et al. schlossen aus ihren Daten, dass sich das »farbige Hören« nicht dadurch erklären lässt, dass bei einem akustischen Reiz gleichzeitig »niedere« visuelle Signale entstehen. Stattdessen nehmen sie an, dass höhere Erkenntnisprozesse beteiligt sein müssen.

Interessanterweise berücksichtigte die Arbeitsgruppe um Eraldo Paulesu die schwache, aber deutliche Aktivierung des linken Areals V4 nicht. Neuere Forschungsergebnisse zeigten, dass dieser Bereich während synästhetischer Wahrnehmung eine wichtige Funktion übernimmt: Im Areal V4 werden dabei Systeme aktiviert, die visuelle Informationen mit Gedächtnisinhalten in Verbindung bringen (Zeki et al. 1998). Nach den Ergebnissen dieser Studie wäre es möglich, dass z. B. bei einer chromatisch-graphemischen Synästhesie (farbige Buchstaben und Zahlen) Erinnerungsbilder für grafische Zeichen angesprochen werden, sobald man einen Buchstaben sieht, und dass dieser Gedächtnisprozess zu einer bestimmten Farbwahrnehmung führt. Im Areal V4 findet man eine massive Häufung multisensorischer Nervenzellen – sie können mehrere unterschiedliche Sinnesdaten verarbeiten. Bereiche des unteren Schläfenlappens, die am Abruf von visuellen Gedächtnisinhalten beteiligt sind, liefern Informationen in diese Region. Daher könnte sie selbst der Ort im Gehirn sein, in dem synästhetische Wahrnehmung stattfindet. Die Arbeitsgruppe um Rouwet al. (2007) untersuchte Graphem-Farbe Synästhetiker mittels fMRT. Durch eine besondere Bildgebungstechnik (Diffusions-Tensor-Imaging -DTI- zur Darstellung der Faserbahnen, die die verschiedenen Hirnareale verbinden) konnte gezeigt werden, dass die Hyperkonnektivität für die Wahrnehmung der Synästhetiker verantwortlich war. Im Vergleich zu den Kontrollen zeigte sich eine größere anisotrope Diffusion bei den Synästhetikern. Die Anisotropie ist ein Maß dafür, wie ausgeprägt eine Diffusionsrichtung vorherrscht. Diffusivität beschreibt, wie stark sich Wassermoleküle beim DTI bewegen. In Hirnregionen mit vielen Faserbahnen nimmt die Anisotropie höhere Werte an, im Vergleich zu Hirnregionen, in denen sich die Wassermoleküle gleichmäßiger verteilen. Diese Befunde sprechen für eine kohärentere weiße Substanz (als weiße Substanz bezeichnet man die Anteile im Gehirn, die überwiegend aus Nervenfasern, d. h. Leitungsbahnen bestehen). Die Anisotropie differenzierte darüber hinaus Subtypen der Graphem-Farben-Synästhesie. Größere Konnektivität im inferioren temporalen Kortex war besonders stark bei Synästhetikern, die die synästhetische Farbe in der Außenwelt sahen (»Monitor«) im Vergleich zu Synästhetikern, die die Farbe nur vor ihrem »geistigen Auge« sahen (»Assoziatoren«). Im Gegensatz dazu unterschied eine größere Konnektivität (im Vergleich zu Nicht-Synästhetikern) im oberen parietalen oder frontalen Kortex nicht zwischen den Subtypen der Synästhesie. Zusammenfassend ergab diese Untersuchung Hinweise darauf, dass eine erhöhte strukturelle Konnektivität mit dem Vorhandensein von Graphem-Farb-Synästhesie assoziiert ist (Rouw et al. 2007).Auch in eigenen Untersuchungen ergaben sich strukturelle Veränderungen der Hirnsubstanz bei der sozialen Synästhesie oder auch OLP (ordinal linguistiv personification), die mit repräsentativen Hirnarealen der relevanten Hirnfunktionen übereinstimmen. Bei dieser Form der Synästhesie werden Symbolen wie Zahlen oder Buchstaben mit der Wahrnehmung von Charaktereigenschaften verknüpft (Simner 2016).

In einer f-MRT Studie zur Netzwerk-Theorie der Synästhesie wurde untersucht, wie sich die Netzwerkeigenschaften ändern, wenn Synästhetiker von einem Zustand zum anderen wechseln. Dabei wurde auf die Farbsequenzsynästhesie, eine Form, bei der Farben mit übergelernten Sequenzen, wie Zahlen und Buchstaben (Graphen), assoziiert werden, fokussiert. Die Autoren der Studie untersuchten die funktionelle Konnektivität von Farb- und Graphemregionen während eines Synästhesie-induzierenden fMRI-Paradigmas in Ruhe, auditiver Graphem-Stimulation und audiovisueller Graphem-Stimulation. Die Experimente zeigten, dass Synästhetiker mehr Verbindungen während der Ruhe- und der auditiven Bedingungen hatten. Nach Ausdehnung des »Netzwerkraumes« auf 90 anatomische Regionen im Gehirn konnte gezeigt werden, dass Synästhetiker visuelle Regionen in größerem Ausmaß nutzen im Vergleich zu den Kontrollen, während die Kontrollpersonen stärkere Aktivitäten in den in parietalen und frontalen Regionen des Gehirns aufwiesen. Die Untersuchungsergebnisse dieser Studie deuten darauf hin, dass für die Synästhesie die »Netzwerkdynamik« von besonderer Bedeutung ist und nicht die Aktivität einer einzelnen Hirnregion (Tomson et al. 2013).

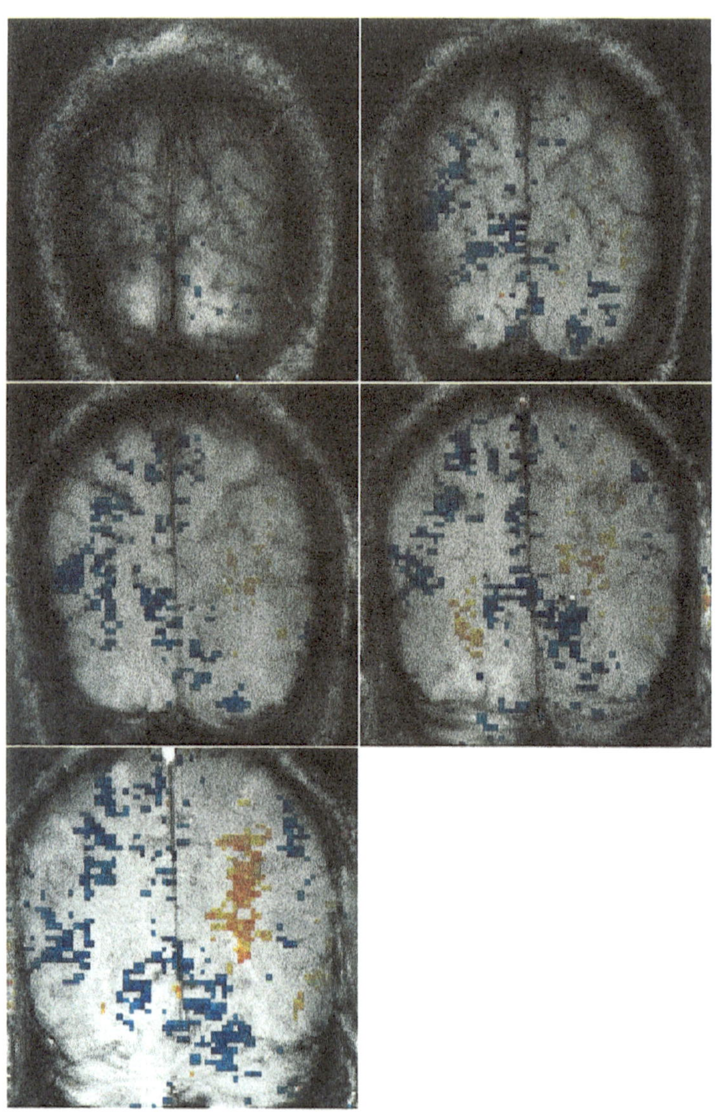

Eine fMRT-Untersuchung eines Probanden mit sehr »starker« Synästhesie. Bei rein akustischer Stimulation wurden gleichzeitig Hirnareale des visuellen Systems aktiviert (rot gefärbte Areale). Untersuchung in Kooperation mit dem Institut für Neurobiologie der Universität Magdeburg, Prof. Dr. Scheich.

Filter für Sinnesreize

In einer neurophysiologischen Studie (Schiltz et. al. 1999) wurden 17 Personen mit chromatisch-graphemischer Synästhesie und einer Kontrollgruppe eine Serie von vier unterschiedlichen Zahlen (Experiment 1) und eine Serie von sechs unterschiedlichen Buchstaben (Experiment 2) präsentiert. Die Probanden mussten auf eines dieser Zeichen mit einem Knopfdruck reagieren. Gleichzeitig leitete man Hirnstromkurven (EKPs) von ihrer Kopfoberfläche ab. Dabei ergaben sich interessante Resultate: Bei den Synästhetikern waren die Potenziale über den präfrontalen Regionen (vgl. S. 32) deutlich positiver als bei Nicht-Betroffenen.

Wie diese Unterschiede zu deuten sind, ist noch nicht ganz klar. Kolja Schiltz stellt zwei Annahmen zur Diskussion. Aus Tierexperimenten weiß man, dass positive Potenziale auf eine Hemmung von Strukturen im Stirnlappen hinweisen. Eine Möglichkeit wäre, dass die präfrontale Region gehemmt ist, dies könnte wiederum zu einer Enthemmung von Relais-Kernen im Thalamus und anschließend zu einem »Durchsickern« von Informationen zwischen den Modalitäten führen. Die zweite Interpretationsmöglichkeit geht in eine völlig andere Denkrichtung. Sie beruht darauf, dass die betroffenen Stirnlappen-Bereiche besonders viele multisensorische Neuronen enthalten, die als anatomische Basis für das Auftreten von Synästhesie wichtig sein könnten. Wenn man dies in Betracht zieht, kann man die Hemmung über den Stirnlappenarealen als Versuch des Gehirns sehen, die synästhetische Wahrnehmung auf ein Minimum zu reduzieren, weil sie mit der »normalen« Wahrnehmung in Konflikt gerät.

In einer weiteren neurophysiologischen Untersuchung wurde untersucht, ob Synästhetiker eidetische Fähigkeiten aufweisen. Der Ausdruck »Eidetik« bezeichnet die Fähigkeit, sich an einmal wahrgenommene Eindrücke über lange Zeiträume so lebhaft zu erinnern, als seien sie zum Zeitpunkt der Erinnerung real. Eidetik unterscheidet sich grundlegend von visuellem Gedächtnis und hängt nicht davon ab, wie gut das visuelle Gedächtnis des Betroffenen ist. Man liest oft, dass Kinder häufiger über eidetische Fähigkeiten verfügen, da sie noch nicht in der Lage sind, die innere Welt in ihrem Kopf von der äußeren Welt zu unterscheiden. Die Trennung von äußerer (objektiver) und innerer (subjektiver) Wahrnehmung gilt als ein Ausdruck der Herausbildung von Selbst und Nicht-Selbst. Im Lauf der Jugend wird diese Entwicklung abgeschlossen.

Wenn man von der Vorstellung ausgeht, dass bei Menschen mit eidetischen Fähigkeiten die Wahrnehmung der einzelnen Sinneskanäle nicht getrennt ist, sollten diese Menschen auch über synästhetische Wahrnehmungen verfügen. Glicksohn et al. (1992) konnten nachweisen, dass die Häufigkeit und Intensität synästhetischer Wahrnehmungen bei Eidetikern mit ihren eidetischen Fähigkeiten in Zusammenhang stehen. Daraus schloss man auf eine Verwandtschaft von Eidetik und Synästhesie.

Um diese Vermutung zu prüfen, unternahmen Schiltz et al. (1998) ein neurophysiologisches Experiment mit 17 Synästhetikern und einer Kontrollgruppe. Dabei wollten die Wissenschaftler einen Konflikt zwischen verschiedenen Sinnen erzeugen. In einer Lernphase zeigten sie zunächst immer wieder vier japanische Buchstaben, die sich die Versuchspersonen einprägen sollten; jedes Symbol hatte eine bestimmte Farbe. In der Testphase wurden die japanischen Symbole in verschiedenen Farben präsentiert und die Probanden sollten für jedes Symbol den Knopf drücken, der die passende Farbe zum Symbol hatte. Gleichzeitig wurden ihre ereigniskorrelierten Hirnpotenziale (EKPs) aufgezeichnet.

Bei der Auswertung der Daten zeigte sich, dass die Reaktionszeit in beiden Gruppen bei den gelernten Farben etwas verkürzt wurde; der Effekt war bei beiden Gruppen gleich groß. Die abgeleiteten EKPs ergaben jedoch keinen eindeutigen Unterschied zwischen gelernten und nicht gelernten Farb-Symbol-Kombinationen. Somit konnte dieser Versuch nicht bestätigen, dass eine Beziehung zwischen Synästhesie und eidetischen Fähigkeiten existiert.

Auffällig war jedoch der positive Verlauf der Hirnstromkurve über dem Stirnlappen. Wie bereits oben erwähnt, zeigt ein positives Potenzial eine Hemmung der Hirnaktivität an. Daher legen solche Ergebnisse nahe, dass bei Synästhetikern die Nervenzellen im Stirnlappen gehemmt sind. Man kann die Resultate dieser Studie aber auch ganz anders interpretieren. Präfrontale Hirnareale könnten die Weiterleitung von Sinnesdaten beeinflussen und dadurch geistige Funktionen kontrollieren.

Inzwischen kennt man den Ablauf: Die präfrontalen Bereiche unterdrücken die Weiterleitung von Informationen, die von bestimmten Sinnesorganen kommen, indem sie bestimmte Kerne im Thalamus steuern. Diese Interaktion zwischen Thalamuskernen und präfrontalen Hirnrindenarealen entspricht einer Art »Filtermechanismus« für Sinnesreize. Somit könnte die Hemmung der präfrontalen Hirnrinde, wie Kolja Schiltz sie in seiner Untersuchung nachwies, tatsächlich zu einem verstärkten Informationsaustausch zwischen Stirnlappen und Relais-Kernen im Thalamus führen. Synästhetische Wahrnehmungen würden nach diesem Modell dadurch entstehen, dass mehr Sinnesdaten durch den Thalamus laufen.

Bei der auditiv-visuellen Synästhesie lösen Töne automatisch bewusste und zuverlässige visuelle Erfahrungen aus. Es ist derzeit unbekannt, ob dies frühe oder späte Prozesse im Gehirn widerspiegelt. Es ist auch nicht bekannt, ob die audiovisuelle Synästhesie bei Erwachsenen es gab klare Unterschiede zwischen auditiv-induzierten visuellen Täuschungen ähnelt, die auch in der allgemeinen Bevölkerung auftreten können, oder ob sie der elektrophysiologischen Ablenkung über okzipitale Areale ähnelt, die im Säuglingsalter beobachtet wurden und mit der Synästhesie verglichen wurde. Es gab klare Unterschiede zwischen Synästhetikern und Kontrollen, die früh auftraten (100 msec. nach Tonbeginn). Diese Unterschiede lagen eher in Auslenkungen des auditorisch evozierten Potentials (z. B. der auditiven N1, P2 und N2) als in der Anwesenheit einer zusätzlichen posterioren Auslenkung. Die Unterschiede traten unabhängig davon auf, worauf die Synästhetiker achteten (obwohl die Aufmerksamkeit einen späten Effekt hatte). Die Ergebnisse deuten daraufhin, dass die Unterschiede zwischen Synästhetikern und Nicht-Synästhetikern frühzeitig auftreten und dass sich die Synästhesie qualitativ von ähnlichen Effekten unterscheidet, die bei Säuglingen und bestimmten auditiv indizierten visuellen Illusionen bei Erwachsenen gefunden wurden. Zusammenfassend deuten die vorliegenden Ergebnisse daraufhin, dass Formen der auditiv-visuellen genuinen Synästhesie bei Erwachsenen eher auf cross-modalen Transfer in und um die normalen auditorischen Prozesse basierende Bahnen beruhen und nicht direkte audiovisuelle Fasererbindungen nutzen (Goller et al. 2009).

Alle bisher vorgestellten Hypothesen stammen aus der Neurophysiologie, die versucht, das Phänomen Synästhesie aufgrund von Stoffwechselvorgängen im Gehirn zu erforschen. Es gibt aber auch einen Erklärungsansatz aus der Neuropsychologie. Wenn man ein Phänomen wie die Synästhesie aus neuropsychologischer Sicht beschreiben will, muss man zunächst das Prinzip der »Konstruktivität der Wahrnehmung« darstellen. Im täglichen Leben gehen wir in der Regel von einem Weltbild aus, das Philosophen oft als »naiven Realismus« bezeichnen. Hierbei setzen wir stillschweigend voraus, dass die äußere Wirklichkeit genau so beschaffen ist, wie wir sie wahrnehmen. Wir tun so, als ob man die Welt »wie sie wirklich ist« nur fotografieren bzw. filmen müsse und das menschliche »Subjekt«, das »Ich«, nichts weiter sei als eine Art von Computer, der diese Sinnesdaten auswerten und in sich abbilden könne.

In Wirklichkeit aber ist der Vorgang der Sinneswahrnehmung wesentlich komplizierter (vgl. »Sehen – kein einfacher Vorgang«): Bevor Sinnesdaten ausgewertet, interpretiert und zu einem Gesamtbild zusammengefügt (integriert) werden können, bedarf es eines »Konzeptes«, eines Weltbildes, eines »mitlaufenden Weltmodells«. In dieses Weltbild können die eintreffenden Sinnesdaten eingefügt bzw., wenn sie nicht dazu passen, verworfen werden. Unser Gehirn vergleicht also ständig die »erwartete Wirklichkeit« mit der tatsächlichen Wirklichkeit und kommt schließlich zu einem Erlebnis, das man mit den Worten beschreiben könnte: »Dies geschieht jetzt wirklich.« Wahrnehmung beruht also immer auf der Wechselwirkung zwischen der inneren Vorstellung von der Welt und den von der Außenwirklichkeit über die Sinnesorgane eintreffenden Informationen.

Neben den Sinnesdaten von außen und der inneren Vorstellung von der Wirklichkeit ist für die Psychologie der Wahrnehmung noch eine dritte Komponente wichtig; man könnte sie als »Wirklichkeitsüberarbeitung« bezeichnen. Sie kontrolliert, ob die Informationen zusammenpassen, und kann eine Zensur ausüben. Wenn die Daten widersprüchlich oder nicht interpretierbar sind, versucht diese Instanz, die Sinnesdaten so zu deuten, dass sie den Regeln der bisherigen Wirklichkeitserfahrung entsprechen. Als Folge dieser Interpretation kann es zu komplexen Illusionen kommen (Emrich 1994). Die Intensität solcher Illusionen weist daraufhin, wie stark dieses »Zensursystem«, der so genannte »ratiomorphe Apparat«, gestört ist – beispielsweise durch »psychedelisch« wirkende Drogen (Emrich et al. 1991). Offenbar haben diese Zensurmechanismen, die unsere Wirklichkeit überarbeiten, keine »Vetofunktion« gegen die »Vermischung der Sinne«, wie sie oben dargestellt wurde. Vielmehr bedeutet für Synästhetiker die gegenüber der üblichen Alltagserfahrung erweiterte Sinneswahrnehmung keinen Nachteil, sondern sie kann sogar ein Vorteil sein. Eine solche Erweiterung der Wahrnehmung erklärt man aus neuropsychologischer Sicht mithilfe der Vorstellung, dass Wahrnehmungsgehalte nicht in einzelnen Nervenzellen gespeichert werden, sondern nach einem bestimmten Muster (Netzwerk) in der Großhirnrinde verteilt sind.

Neurophilosophische Überlegungen

Die Vermischung der Sinne, wie sie bei Synästhetikern vorkommt, ist etwas ganz Ungewöhnliches. Viele dieser Menschen »sehen« und hören z. B. Töne, Buchstaben, Wörter, manche »fühlen«, andere »schmecken« oder »riechen« Gehörtes oder Gesehenes oder umgekehrt. Diese Eigenschaften kommen erstaunlich regelmäßig bei einigen besonderen Menschen vor. Eine »Spielart der Natur«? Synästhetiker haben zusätzliche Fähigkeiten, die sie in sehr vielen Fällen als Bereicherung empfinden. Forscher, die sich mit dem Funktionieren der Psyche und des Gehirns beschäftigen, untersuchen häufig die Kopplungen der verschiedenen Bereiche im Gehirn, die als biologische Voraussetzung für die Entstehung der menschlichen Psyche betrachtet werden. Außergewöhnlich ausgeprägte Kopplungen könnten Hinweise auf die biologischen Grundlagen der Psyche geben – etwa die Kopplungen, die die Sinne »vermischen«. Fachleute nehmen heute an, dass durch die Kopplungen im Gehirn das Bewusstsein geschaffen wird; damit könnte die Erforschung der Synästhesie auch zur Erklärung des Bewusstseins beitragen. Um diese quasi »philosophische« Bedeutung zu erfassen, erscheint es uns hilfreich, über das Thema Bewusstsein nachzudenken.

Was ist Bewusstsein?

Wenn man das Bewusstsein erforschen will, muss man zunächst einmal wissen, worum es sich eigentlich handelt. Die Antwort auf die Frage, was Bewusstsein ist, gehört zu den großen Problemen der Gegenwartsphilosophie und -neurobiologie. Über Bewusstsein können wir nicht ohne weiteres reden wie über andere Gegenstände des Lebens, weil wir als Personen (Subjekte) nur in ihm, im Bewusstsein, vorkommen. Bewusstsein ist nicht irgendein Thema neurobiologischer Forschung neben vielen anderen -Bewusstsein ist das Medium, innerhalb dessen Forschungsgegenstände überhaupt erst auftauchen. Ein Gehirn, das ein anderes Gehirn befragt, es thematisiert und untersucht, zeigt diese Paradoxie; denn es ist eben nicht das Gehirn, das diese Frage nach dem anderen Gehirn stellt, sondern es ist das Bewusstsein, es sind wir selber als Forscher, in denen Bewusstsein auftritt: Forscher, die Fragen nach dem Gehirn stellen und nach der Weise, wie es funktioniert.

Wenn wir von einem »Ich«, einem »Subjekt«, reden, dann in dem Sinne, dass das Ich ein Konstrukt eines »Selbst« ist. Und dieses Konstrukt des Selbst existiert nur, insofern es ein Bewusstsein in einer Person gibt, die durch ein solches Selbst getragen ist, die dieses Selbst wiederum umgangssprachlich repräsentiert und symbolisiert. Jenseits eines derartigen vom Selbst getragenen Bewusstseins sind wir dementsprechend nicht vorhanden, sind »nichts«; Bewusstsein als ein uns gewissermaßen »tragendes«, uns konstituierendes Urphänomen geistigen Lebens steht »uns« zu nahe, als dass wir es erforschen könnten. Man könnte auch sagen: Bewusstsein erforschen heißt uns selbst erforschen. Das hat die moderne Philosophie – seit Descartes – ja auch getan, insbesondere die Transzendentalphilosophie von Kant und Fichte in der *Kritik der reinen Vernunft* und der *Wissenschaftslehre,* in der *Phänomenologie* Husserls, in den Cartesischen *Meditationen* und in den *Logischen Untersuchungen.*

Will diese Erforschung unserer selbst aber mehr sein als eine möglichst präzise Beschreibung unserer inneren Erfahrung, gewissermaßen der eigenen Selbsttransparenz des Bewusstseins, so machen wir die wiederum paradoxe Erfahrung, dass das Nächstliegende unergründlich ist. Wir wollen das Bewusstsein »sehen« und können es nicht, wie den Wald, den wir vor Bäumen nicht sehen, wie das Wasser, das der Fisch nicht sieht, nicht erklärt, in dem er schwimmt. Wittgenstein hat das im Hinblick auf den Begriff der Bedeutung – in seinem *Blauen Buch* – ein-

Das Bild entstand nach einem Traum. Zeichnung/Aquarell von Gisela Giese

mal folgendermaßen formuliert: »Die Fragen ›Was ist Länge?‹, ›Was ist Bedeutung?‹, ›Was ist die Zahl Eins?‹ etc. verursachen uns einen geistigen Krampf. Wir spüren, dass wir auf nichts zeigen können und dass wir gleichwohl auf etwas zeigen sollten.« Diesen »geistigen Krampf« zu lösen wird nur möglich sein, wenn wir die Perspektive beim Fragen nach dem Bewusstsein ein wenig verschieben, und zwar in Richtung einer höheren Form von Subjektivität. Sie versucht quasi wiederum objektive Züge anzunehmen im Sinne des New Yorker Philosophen Thomas Nagel und einen »view from nowhere« zu konstruieren, eine objektive höherstufige Sicht auf das Bewusstseinsproblem, wie es bei Fichte als Subjekt/Objekt, als »absolutes Ich«, bzw. bei Whitehead als »Hyperjekt« skizziert wird. Wie ist ein solcher Standpunkt vorstellbar?

Man kann ein naturwissenschaftlich geprägtes Verhältnis zum Bewusstseinsproblem am ehesten auf der Grundlage der Theorie von Franz von Brentano gewinnen, dem philosophisch-psychologischen Lehrer Husserls – aus der Lehre über den »intentionalen« (zielgerichteten) Zusammenhang, die »intentionale Beziehung«. Brentano war vielleicht der erste philosophische Psychologe, der radikal die Frage stellte: Wie unterscheide ich Neurophysiologie als Funktionslehre von psychischem Geschehen? Welche Bedeutung hat das Geschehen in den Nervenzellen für psychisches Geschehen? Sind neuronales und psychisches Geschehen nicht identisch? Falls sie nicht identisch sind: Wie kann ich sie dann unterscheiden?

Brentano zeigte als Erster, dass psychische Funktionen sich von physiologischen Prozessen dadurch unterscheiden, dass sie »intentional« (zielgerichtet) sind. Sie beziehen sich auf etwas, was sie selbst nicht sind. Intentionalität im Brentano/Husserl'schen Sinne heißt, dass mentale (geistige) und damit psychische Vorgänge sich auf etwas beziehen, was sie »meinen«, was sie repräsentieren, für was sie stellvertretend da sind, wofür sie »stehen«. Dass es in Gehirnen »Repräsentanzen« gibt, beruht auf genau dieser Intentionalität des Mentalen. Das bedeutet: Wenn man den Hirnregionen irgendetwas zuordnen kann, auf das die dort lokalisierten Hirnfunktionen sich im eigenen Körper oder der Außenwirklichkeit »beziehen«, beruht das darauf, dass das Mentale intentional ist. Hiermit haben wir – mit Brentano – die erste brauchbare Definition von Bewusstsein gefunden, die das Bewusstseinsphänomen irgendwelchen Forschungsaktivitäten zugänglich macht: Das Wesentliche am Bewusstsein ist, dass es immer – intentional – Bewusstsein »von etwas« ist. Es ist nicht etwas als es selbst, sondern es ist, was es ist, im Hinblick auf anderes. Der intentionale Zusammenhang, in dem Bewusstsein auftritt, äußert sich immer in der Weise der Formulierung: »Ich bin mir dessen bewusst, dass …« Bewusstsein nimmt stets auf einen »gemeinten« Gegenstand Bezug, auf den es sich bezieht (inneres »intentionales« Objekt), das sich auch sprachlich ausdrücken lässt.

Wie ist das nun neurobiologisch zu verstehen? Es bedeutet, dass neuronale Strukturen Bedeutungen erzeugen müssen, sie produzieren gewissermaßen Intentionalität – und dadurch befinden sie sich im Zustand der »Repräsentation«, der Stellvertretung. Sie stehen für etwas, was sie selbst nicht sind. Indem Gehirne dies leisten, sind sie, wie der Bremer Neurobiologe Gerhard Roth sagt, mit der Eigenschaft der »Konstruktivität« ausgestattet. Sie konstruieren Wirklichkeiten in dem Sinne, dass das Gehirn sich ein »neurobiologisches Selbst« schafft, dass es als Referenz für Welterfahrung und Weltkonstruktionen verwenden kann (Roth 1994).

Naturwissenschaftliche Forschungsansätze

Wie kann, von dieser Warte aus, nun das Bewusstsein erforscht werden? Zunächst ist anzumerken, dass das Bewusstsein, das in neurophysiologischen Experimenten untersucht wird, nur einen winzigen Bruchteil des tatsächlichen geistigen Lebens darstellt. Es handelt sich nur um das Bewusstsein im Sinne von Descartes' »cogito«. Da sich das Bewusstsein auf sich selbst beziehen kann, existiert das Subjekt, sichert sich der subjektive Bereich in sich selbst als diskursives (schrittweise logisch denkendes) Bewusstsein ab.

Nach neurobiologischen Vorstellungen ist dieser Teil des Bewusstseins aber nur ein Modul unter vielen, ein sprachfähiges, lineares Modul der Großhirnrinde. Die vielen, vielen anderen »sehen« wir nicht – sie sind nicht selbsttransparent, zumindest für das »cogito« nicht erreichbar. Sie stehen im Gegensatz zu diesem einen kognitiven, diskursiven, sprachkompetenten, scheinbar selbsttransparenten und, wie die Psychoanalytiker einwenden würden, »verkopften«, rationalisierenden Modul. Somit ist zu fragen: Haben Fühlwelten zu sich selbst Zugang? Weiß das Gefühl von seinem Gefühl? Weiß das Schmecken von seinem Schmecken, weiß das Klänge-Hören etwas von den Klängen?

Die Frage, ob und wie sich das Bewusstsein selbst erforschen kann, lässt sich am Beispiel der Synästhesie, vermutlich insbesondere der Gefühls-Synästhesie, untersuchen. Derartige Studien sind schwierig in der Umsetzung, da dieses Phänomen mit objektiven Methoden schwer zu fassen ist. »Harte Daten« sind bisher in erster Linie bei der genuinen Synästhesie zu erhalten. Diese Ergebnisse weisen jedoch schon darauf hin, dass die Gefühlsaspekte aus dem limbischen System generell eine entscheidende Rolle spielen. Sie sind offenbar die Ordnungsstrukturen, von denen die neuronalen Systeme gesteuert werden, die synästhetisches Erleben ermöglichen. Es ist durchaus einleuchtend, dass das kognitive Modell der »Dreifacherregung« (eine limbische Erregung ist

Chinesische Küche.
Zeichnung von Gisela Giese

mit mindestens zwei Erregungen in der Großhirnrinde verknüpft) ein grundlegendes Modell zum Verständnis von Bewusstsein darstellen kann. Zusammenfassend lässt sich festellen, dass die Synästhesieforschung Einblicke in die neuronalen Korrelate des Bewusstseins geben kann, weil sie eine einzigartige Mischung von phänomenalen Erfahrungen bietet, die weitgehend von der Semantik vorgegeben werden, und weil es Direktionalitätseffekte bei der Realisierung synästhetischer Erfahrungen gibt. Die Synästhesieforschung kann somit für die Bewusstseinsforschung sehr bedeutsam werden.

Psychische Eigenheiten

Eine Gefühls-Synästhetikerin berichtete bei der Untersuchung von visuellen Mustern, die sich bei ihr in bestimmten Situationen im zeitlichen Verlauf ergeben (z. B. in dem betreffenden Gespräch) und in einer besonderen Beziehung zu genau dieser Situation stehen. Nach und nach hat die Probandin gelernt, diese Muster und Farben recht genau »aufzuschreiben«, wobei sehr schöne, künstlerisch beeindruckende Bilder entstanden. Sie sagte hierzu: »Ich denke, Farbe ist Schwingung. Musik ist Schwingung und Sprache ist Schwingung. Um es intensiver zu sehen, mache ich meine Augen zu. Und ich denke, was für mich eigentlich sehr frappierend ist: Ich mache meine äußeren Augenlider zu und habe darunter ein Augenlid, das mache ich auf und dann ist gleich alles da. Wenn ich dagegen jetzt in den Raum gucke und Musik höre, muss ich meine Augen ein bisschen auf Unendlich stellen, ehe die Farbe ankommt. Mit dem Augenlid ist das bequemer, es geht schneller, ist der direkte Weg.« Musik erscheint der Probandin somit in bildhafter Form.

Bei den Randgruppen- oder Gefühls-Synästhetikern fanden wir nun eine Reihe interessanter Eigenschaften, die ebenfalls darauf hindeuten, dass die gleichzeitige Wahrnehmung einer weiteren Sinnesqualität (interne »Doppelrepräsentation«) zusätzliche psychische Eigenheiten erschließen kann. So zeigen einige dieser Probanden eine erhöhte »Medialität«, also eine Neigung zum Übersinnlichen. Sie erzählen von Wachträumen, Wahrträumen und visionären Erlebnissen, die in die Zukunft weisen und oft etwas Richtiges prognostizieren, wie es beispielsweise C. G. Jung mit der »Synchronizität« (Pauli 1992) darstellte. Diese »Hellsichtigkeit« ist den Probanden häufig allerdings etwas unheimlich und sie machen eher ungern Gebrauch davon. Darüber hinaus führt der verstärkte »synästhetische« Zugriff zum eigenen Gefühlsleben zu einer verstärkten inneren »Absicherung«. An diesen Menschen fällt eine eigentümliche Form von »Angstfreiheit«, psychischer Stabilität und innerer Geborgenheit auf. Es geht eine innere Ruhe von ihnen aus, die für eine Art »fundamentaler innerer Geborgenheit im Selbst« spricht – ein Fehlen von Hektik, eine Form von Stabilität, die auch dazu führt, dass diese Menschen nicht unerreichbaren Zielen nachjagen, sondern im erreichten Areal ihres Lebens glücklich sind (vgl. Zedler & Rehme 2013).

Synästhesie als Lebensform

Synästhesie ist eine besondere Form der Organisation bei der Darstellung von Denkinhalten in der Großhirnrinde; sie kann aber im weite-

Nach Vaughan Williams – *SinfoniaAntarctica* (Filmmusik über Robert Falcon Scotts Fußmarsch zum Südpol). Durch die gesamte Sinfonie klingt ein schwermütiges Leit- und Leid-Motiv, das musikalisch durch Bläsergruppen intoniert, aufgebrochen und von den Streichern übernommen wird. Es ist ausgedrückt durch die große blaue Form der Anstrengung. Die fast unermessliche Vielfalt weißer und zartblauer Farbtöne sowie eines lichtweißen Gelbs im Schlusssatz hebt die erdrückende und bedrohliche Form auf und bringt Auf- und Erlösung. Collage/Acrylgemälde von Beate Thierling

Audition coloree, Russisch. Gemälde von Marlies Blauth

ren Sinne auch eine Form innerer Wachheit sein, bei der man sich mit den Wechselbeziehungen zwischen Wahrnehmungssystemen und insbesondere mit der bildhaften Wahrnehmung eigener Gefühlszustände befasst. Man kann Synästhesie, vor allem die Gefühls-Synästhesie, als Metapher für eine spezielle Lebensform betrachten. Diese umfasst erhöhte Kreativität, geistige innere Absicherung und innere Stabilität im Rahmen des Erreichten. Synästhesie als Lebensform bedeutet dann, dass man den Gegenständen (und sich selbst) eine neue Vielschichtigkeit, Uneindeutigkeit, Komplexität und einen neuen Bedeutungsgehalt zumisst. Das Leben erhält neue Aspekte jenseits des Alltags – eine innere Vielfalt, die auch für uns selbst heilsam sein kann, denn sie wirkt unserer Tendenz entgegen, Kompliziertes zu vereinfachen.

Wir sehen unser Leben meist als Wiederholung immer gleicher, berechenbarer Abläufe. In mancher Hinsicht beschreibt ein solches Modell unsere Existenz aber nicht richtig – diese Erkenntnis können wir aus der Gefühls-Synästhesie ableiten. Was uns eigentlich ausmacht, ist eine Reihung, eine Summe von Einmaligkeiten, von Nicht-Wiederholbarkeiten.

Wir sind eben keine Maschinen, das wird bei Phänomenen wie der Synästhesie besonders deutlich. Der Essayist Samuel Butler, der Charles Darwin karikierte, schrieb einmal: »Eine Henne ist nur die Art und Weise, wie ein Ei ein anderes Ei hervorbringt.« Menschen lassen sich aber in vieler Hinsicht eben gerade nicht dadurch charakterisieren, dass gesagt wird: »Wir sind nichts anderes als … »Das Phänomen der Synästhesie kann uns lehren, solche extremen Vereinfachungen zu vermeiden; Synästhesie als Lebensform kann Angst reduzieren, weil sie eine neue Dimension innerer Sicherheit, eine neue Form von Selbstvergewisserung und Absicherung im eigenen Selbst ermöglicht.

Synästhesie und Bewusstsein: integrativer Erklärungsansatz

Was wir heute über Funktionsweise und Aufbau des visuellen Wahrnehmungssystems wissen, beruht auch auf dem, was die Erforschung des visuellen Bewusstseins ergeben hat. Die primäre Sehrinde, in der die Informationen aus den Augen verarbeitet werden, liegt am Hinterende (Okzipitalpol) des Gehirns.

Im so genannten Areal V1 ist eine vollständige »Karte« der Netzhaut angelegt; danach gelangen die Sinnesdaten aus den Augen in Felder, in denen ebenfalls die Netzhaut abgebildet ist, die aber ganz spezifisch auf bestimmte Merkmale reagieren, etwa Farbe, Form, Oberfläche, Ausrichtung des gesehenen Gegenstandes, Bewegung etc. Erst danach gestaltet das Gehirn aus diesen verschiedenen Aspekten wieder eine einheitliche Wahrnehmung.

Wie diese Zusammenführung – Integration – der Daten geschieht, wird noch diskutiert. Mortimer Mishkin und Leslie G. Ungerleider formulierten 1982 eine These, die bis heute aktuell ist: Aus der primären Sehrinde entspringen zwei Signalströme. Der eine verläuft nach unten (ventral) in den unteren Schläfenlappen, der andere nach oben (dorsal) mit Verknüpfungen in den hinteren Scheitellappen. Der untere Strom ist für die Identifizierung des Objekts zuständig, das »was«; dazu gehören Merkmale wie Farbe und Form. Dagegen analysiert der, nach oben gerichtete Strom die räumlichen Merkmale des Bildes.

Wichtige Hinweise zum Verständnis dieser Signalströme gibt die Untersuchung von Patienten mit Schädigungen in bestimmten Gehirnbereichen. Verletzungen (Läsionen) im Bereich des oberen Stroms, vor allem in der rechten Hirnhälfte führen, z. B. zu visuellem Neglect oder zu Apraxien. Beim visuellen Neglect nehmen die Patienten einen Teil ihres Gesichtsfeldes nicht wahr; Menschen mit Apraxien können keine sinnvollen Bewegungen mehr ausführen. Die Betroffenen wissen häufig nichts von diesen Ausfällen.

Verletzungen im Bereich des unteren Stroms führen zu so genannten Agnosien (das Gesehene kann nicht erkannt werden). Diese Patienten sind sich durchaus ihrer Beeinträchtigung bewusst.

Unser Gehirn muss ständig Sinnesdaten zu zusammenhängenden Wahrnehmungseindrücken verbinden – eine beachtliche Leistung. Ohne diese Integration bliebe unsere Wahrnehmungswelt eine Anhäufung bedeutungsloser Farbflecken, Geräusche und Gerüche, ein unübersichtliches »Wirrwarr« von Sinneseindrücken. Wie das Gehirn dabei vorgeht, wird noch untersucht. Mit Sicherheit sind daran zahlreiche Gehirnareale netzwerkartig beteiligt.

Nach der heute vorherrschenden Theorie zur Gestaltwahrnehmung sind die Objekte der Außenwelt als zusammenhängende Einheiten im Gehirn über so genannte Assemblys gespeichert. Darunter versteht man ausgedehnte, über weite Bereiche verteilte Verbände von Nervenzellen, die sehr flexibel sind und dynamisch entstehen, wenn sich bestimmte Nervenzellen gleichzeitig in hoher Frequenz entladen. Neue Verschaltungen entstehen, bestehende werden verstärkt, geschwächt oder gelöst.

Welche Assemblys in der Sehrinde aktiv sind, hängt von dem Objekt ab, auf das wir unsere Aufmerksamkeit richten. Je häufiger sie wechseln, desto genauer beschreiben die Verschaltungen konkrete Inhalte. In der unteren Hirnrinde des Schläfenlappens ist dieser Assembly-Wechsel bei der Betrachtung neuer Gegenstände sehr deutlich ausgeprägt, in der primären Sehrinde weit schwächer. Leopold und Logothetis (1996) schlossen daraus, dass die Nervenzellen im Bereich der primären Sehrinde nur widerspiegeln, was sich auf der Netzhaut im Auge abbildet, während erst in den nachgeschalteten Arealen (also z. B. im unteren Schläfenlappen) die Wahrnehmung des Objekts stattfindet.

Pfingsten. Zeichnung von Gisela Giese

Bevor wir unsere Aufmerksamkeit auf einen bestimmten Gegenstand richten, um ihn genauer zu betrachten, muss unser Gehirn den Befehl dazu geben. Dazu ist noch ein weiterer Bereich notwendig: die präfrontale Hirnrinde, die Entscheidungen trifft.

Außerdem ist für eine einheitliche Wahrnehmung das limbische System notwendig, ein entwicklungsgeschichtlich altes Hirngebiet, das in gewisser Weise Sinnesdaten aus der Außenwelt und innere Zustände – Motivationen und Emotionen – verknüpft. Bevor eintreffende Informationen über Objekte im Gedächtnis abgespeichert werden, findet eine komplizierte Bearbeitung statt.

Zwei Nervenfasersysteme des limbischen Systems sind daran beteiligt, allerdings in unterschiedlicher Weise. Der Papez'sche Schaltkreis vermittelt Informationen eher neutralen Inhalts, während der basolaterale limbische Kreis mit Mandelkern (Amygdala) für die emotional-affektive Tönung von Gedächtnisinhalten sorgt.

Wie sich eine Störung dieser Schaltkreise auswirkt, kann man bei Patienten mit Verletzungen in den betreffenden Hirnregionen beobachten. Eine solche Erkrankung ist das Capgras-Syndrom; dabei sind vermutlich die Verbindungen zwischen Großhirnrinde und den Mandelkernen (Amygdala) unterbrochen, und deshalb fällt die Gefühlstönung bei der Wahrnehmung von Gesichtern aus. Die Betroffenen erkennen zwar die Gesichtszüge eines bekannten Menschen, sie sehen ihn aber als Fremden, weil ihnen die gefühlsmäßige Bindung fehlt. Daher denken sie, dass sie statt der vertrauten Person einen geheimnisvollen Doppelgänger des betreffenden Menschen vor sich hätten.

Um eine Gestalt als Einheit bewusst wahrnehmen zu können, muss unser Gehirn mehrere verschiedene Leistungen erbringen: Die präfrontale Hirnrinde muss die Aufmerksamkeit steuern, das Gehirn muss die Sinnesdaten mit Gedächtnisinhalten verknüpfen und das Wahrgenommene muss mit einer emotional-affektiven Tönung belegt werden. Da das Gehirn die Informationen der Sinneskanäle, des Gedächtnisses usw. nicht an einem einzelnen Ort verarbeitet, muss die Aktivität räumlich und zeitlich gebündelt werden.

Wie dies genau geschieht, versuchen derzeit Wissenschaftler verschiedener Disziplinen zusammen herauszufinden; dies ist ein zentraler Punkt in der heutigen Bewusstseinsforschung. Synästhesie stellt ebenfalls die Wahrnehmung einer Einheit dar, deshalb müssen diese Bedingungen in gleicher Weise gelten. Für die Erforschung des Phänomens Synästhesie stellen sich somit die folgenden Fragen:

- Wie sehen die »synästhetischen Aktivitäten« der beteiligten Hirnregionen in bildgebenden Verfahren aus?
- Wie entsteht die innere Einheitlichkeit des Bewusstseins? Beruht das Phänomen der Synästhesie auf einer Verknüpfung der Sinne (transmodaler Mechanismus) oder auf einem Mechanismus, der den einzelnen Sinnesqualitäten übergeordnet ist (supramodal)?
- Wie wird die Wahrnehmung mit dem stets mitlaufenden Gefühlston verbunden?

Die Frage, welche Hirnareale bei synästhetischen Aktivitäten beteiligt sind, kann die neurobiologische Forschung mit den vorhandenen Daten bereits beantworten: Mit funktionell bildgebenden Verfahren lassen sich die aktiven Bereiche immer genauer eingrenzen und neurophysio-

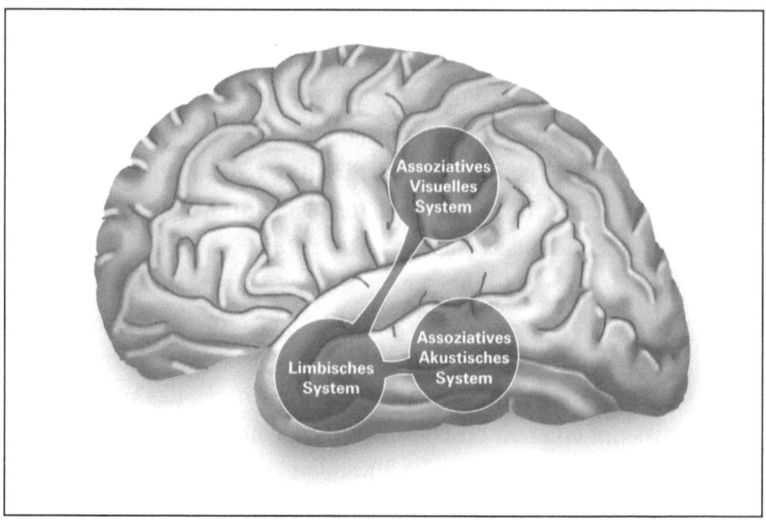

Verbindungen zwischen den assoziativen Hirnrindenfeldern für Sehen und Hören mit einem Areal des limbischen Systems (Amygdaloid-Hippocampus-System; vgl. S. 35)

logische Methoden geben immer besseren Aufschluss über die zeitliche Dynamik der beteiligten Prozesse.

Hinweise auf die Aktivierung bestimmter Gehirnregionen haben auch unsere eigenen Untersuchungen ergeben, die wir in Zusammenarbeit mit der Arbeitsgruppe von Professor Dr. Henning Scheich (Institut für Neurobiologie, Magdeburg) mit funktioneller Kernspintomographie an Synästhetikern durchführten. Während den Versuchspersonen akustische Reize dargeboten wurden, die sie synästhetisch auch visuell erlebten, fanden zeitgleich Untersuchungen statt; dabei war vermehrte Aktivität sowohl im auditorischen als auch im visuellen Cortex zu beobachten. Bei dem Versuch konnten die Probanden aufgrund der Dunkelheit keine visuellen Reize von außen wahrnehmen. Die beiden verbundenen Hirnareale lagen jeweils auf gegenüberliegenden Gehirnhälften. Um diese Aussagen statistisch zu belegen, wurden die Mittelwerte der Messungen, die bei diesen Versuchen an mehreren Synästhetikern gemacht worden waren, mit den Mittelwerten der Ergebnisse aus Untersuchungen von Nicht-Synästhetikern unter den gleichen Bedingungen verglichen.

Wie kann man das Phänomen Synästhesie mit diesen Befunden erklären? Uns erscheint folgendes Modell plausibel: Die Kopplung der Sinne durch die Synästhesie kommt dadurch zustande, dass zwischen zwei Hirnrinden-Arealen eine »Brücke« über das limbische System gebildet wird. Sie stellt gewissermaßen das »limbisch bewertende Zwischenglied« dar, verknüpft die Sinneseindrücke also mit Emotion und erzeugt dadurch erst die Kopplung im eigentlichen Sinne. Eine nicht zu vernachlässigende Rolle scheint der Kommunikation zwischen den beiden Hirnhälften zuzukommen. Von Seitenunterschieden berichten Synästhetiker insbesondere auch dann, wenn es darum geht, ein Gefühl zu einer Wahrnehmung zu beschreiben.

Die vermehrte Aktivität dieses Gehirnbereiches, der primär für die dargebotene Qualität eines Sinnesreizes zuständig ist, könnte vom Ansatz her so erklärt werden, dass sich das Gehirn bemüht, eine Aufgabe zu lösen. Beim Synästhetiker könnte die Auflösung im Sinne eines »wrong-wiring« (einer falschen Verschaltung) stattfinden, indem eine kontralaterale (auf der anderen Hirnhälfte befindliche) andere Sinnesrepräsentanz aktiv wird. Die Aufgabe für das Gehirn wäre in diesem Modell, etwas »mit dem Reiz anfangen zu können«, d. h. ihn zu einem Teil des Bewusstseins werden zu lassen.

Aus anderer Perspektive betrachtet sieht es folgendermaßen aus: Dem nicht-synästhetischen Gehirn gelingt es rascher, die Aktivität des primär repräsentativen Sinnesareals herunter zu regulieren. So löst es das Problem auf, indem es eine einfache Sinneswahrnehmung erfährt. In den Untersuchungen ist das Hörzentrum des Gehirns nach einem auditorischen Reiz bei Nicht-Synästhetikern weniger aktiv als bei Synästhetikern. Mit diesem Modell kann man ein Konzept für die Entstehung von Bewusstsein entwickeln. Nach diesem Konzept würde der »Konstruktivismus« der Hirnrinde, bei dem ein Weltmodell gestaltet wird, nur dann zu einer »Einheit des Bewusstseins« führen, wenn zwei Hirnrinden-Bereiche, die miteinander in Beziehung treten sollen, über eine bewertende limbische »Brücke« zusammengeführt werden. Dabei

Das Bewusstsein.
Zeichnung von Gisela Giese

wird sowohl die kognitive (Erkenntnis-)Einheit als auch die »bewertende Einheit« aktiviert und zu einem zusammenhängenden Ganzen verschmolzen. Welchem Teil des limbischen Systems diese Brückenfunktion zukommt, ist noch nicht klar; plausibel wäre jedoch eine Beteiligung von Strukturen des Hippocampus, da die Einheit der Sinne auch auf Gedächtnisinhalte bezogen werden muss.

Dieses Konzept würde auch gut zu unserer Erfahrung als Menschen und zu unserem Selbstverständnis passen, denn es bedeutet, dass wir nicht nur denkende, sondern immer auch fühlende Wesen sind. Gedanken und Wahrnehmungen bleiben nie ganz im abstrakten Sinne »kognitiv«, sondern werden zugleich von unserem Gehirn bewertet und mit einem emotionalen Grundcharakter versehen. Dieses Ergebnis, wenn es sich bestätigt, würde bedeuten, dass Menschen aus den Synästhesie-Erlebnissen und der Erforschung der Synästhesie etwas sehr Grundsätzliches über sich selbst erfahren haben.

TEIL 2

ERFAHRUNGSBERICHTE

Farben leben in mir

Gisela Rudolph

An meinem ersten Schultag im April 1947 fragte die Lehrerin uns ABC-Schützen, ob wir wohl schon bis 10 zählen könnten. Und ob wir es konnten! Voller Eifer zählte ich im Chor mit und hielt es für selbstverständlich, dass alle anderen Kinder und die Lehrerin hierbei die Zahlen auch in bunten Farben sehen würden. Es ging ja gar nicht anders! Die 1 war weiß, die 2 blaugrau, die 3 rot, die 4 gelb, die 5 grün, die 6 braun, die 7 weiß, die 8 blaugrau, die 9 grün, die 10 weiß. Als ich dann lesen und schreiben konnte, war es für mich genauso selbstverständlich, dass alle Wochentage und Monate Farben hatten. Der Montag war blaugrau, der Dienstag rot, der Mittwoch blaugrau, der Donnerstag braun, der Freitag weiß, der Sonnabend weinrot, der Sonntag gelb.

Der Januar war weinrot, der Februar weiß, der März gelb, der April schwarz, der Mai braun, der Juni grün, der Juli blaugrau, der August gelb, der September blaugrau, der Oktober rot, der November blaugrau, der Dezember weiß. Im Laufe der Jahre erwähnte ich dann hier und da diese Farben, aber zu meiner Verwunderung stieß ich ausnahmslos auf völliges Unverständnis. So begriff ich allmählich, dass ich mit meinen Farben allein war. Als ich merkte, dass ich auch von mir sehr vertrauten Menschen einfach nicht verstanden wurde, hörte ich auf, über meine »Eigenart« zu sprechen.

Im Jahre 1964 stieß mein Mann während seines Psychologiestudiums auf den Begriff »Synästhesie«. Er erinnerte sich, dass ich ihm einmal von meinen inneren Farben erzählt hatte. Jetzt schrieb er sie auf, und ich freute mich über sein Interesse. Doch weder an der Uni noch zwischen uns wurde das Thema »Synästhesie« vertieft. Das Blatt mit den Aufzeichnungen verschwand in den Unterlagen.

Erst zwölf Jahre später fiel es meinem Mann zufällig wieder in die Hände. Nun waren wir beide gespannt, ob meine jetzigen Farben mit den damaligen noch übereinstimmten. Ohne einen Blick auf das schon etwas vergilbte Papier zu werfen, »rasselte« ich meine Farben herunter. Sie stimmten ohne die geringste Abweichung überein! Wie ich inzwischen weiß, bleiben die inneren Farben eines Synästhetikers lebenslang unverändert.

Am 24. Mai 1996 erschien im Zeit-Magazin ein Artikel mit dem Titel *Farben hören, Töne schmecken,* aus dem ich erfuhr, dass es auch andere Menschen mit inneren Farben gibt. Wie gebannt las ich den Artikel – immer wieder. Ich war auf einmal mit meinem Phänomen nicht mehr allein und sah zum ersten Mal eine Chance, Menschen kennen zu lernen, die mich verstehen würden.

Auf einer Postkarte teilte ich dem Autor des Artikels mit, dass auch ich von klein auf innere Farben sehen würde. Daraufhin erhielt ich einige Monate später eine Einladung zum ersten Synästhetiker-Treffen in Deutschland. Es fand im Juni 1997 in der Medizinischen Hochschule in Hannover statt.

Ich möchte nicht das Ereignis selbst beschreiben, sondern nur hervorheben, was mich nach 50 Jahren des »angestrengten Zurückhaltens« von einem großen Druck befreite: Es wurde von Gefühlen gesprochen! Bisher hatte ich stets den Versuch vermieden, meine intensiven »farbigen Gefühle« zu erwähnen, um nicht noch eigenartiger zu erscheinen.

Ich empfinde jede Zahl, jeden Wochentag und jeden Monat als »Charaktere« in mir. Sie wirken auf mich in unterschiedlicher und in unabänderlicher Weise, der ich mich nicht entziehen kann. Sie sind aktiv, ich reagiere nur. Der tief weinrote Januar umfängt mich mit wunderbarer Wärme. In ihm fühle ich mich geborgen. Ich kann mich mit meinem ganzen Empfinden in ihn hineinschmiegen. Ich weiß, dass es absurd klingt. Aber wenn ich die Augen schließe und das Wort »Januar« denke, werde ich ruhiger.

Natürlich sehe ich alle inneren Farben auch »automatisch« mit geöffneten Augen, und die jeweiligen Gefühle sind unmittelbar vorhanden. Doch mit geschlossenen Augen geschieht dasselbe intensiver.

Der Januar ist meine wärmste Farbe, noch wärmer als der weinrote Sonnabend. Doch die 4 ist meine Lieblingsfarbe. Ihr schönes Goldgelb gibt mir zwar ebenfalls Wärme, aber im Unterschied zum Januar ist sie lebhaft und »kraftvoll heiter« Die 4 stimuliert mich. Die 44 wirkt noch intensiver und istdes-halb meine Lieblingszahl. Erstaunlicherweise schwächt sich die Intensität des Goldgelbs aller längeren Viererzahlen wie 444, 4444 ... ab, sodass entsprechend deren Wirkung auf mich unbedeutender wird. Der Sonntag hat dieselbe intensive goldgelbe Farbe wie die 4, ist jedoch zurückhaltender. Ich empfinde ihn auch als warm und schön, aber nicht als »belebend«.

Die tiefgrüne 9 ist streng. Ich sehe sie mir immer nur möglichst kurz an, obwohl sie mir nicht unsympathisch ist. Vielleicht empfinde ich die 9 auf diese Weise, weil sie aufrecht mit einem kerzengeraden Rücken dasteht. Der seitlich angebrachte »Kopf« scheint mich zu kontrollieren. Der mittelgrünen 5 gegenüber fühle ich mich unbefangen. Ich empfinde sie als bescheiden, sie bedrängt mich nicht. Auf ihre Eigenschaften werde ich noch einmal zu sprechen kommen.

Ganz und gar abstoßend dagegen sind die braune 6, der braune Donnerstag und der braune Mai. Donnerstag, der 6. Mai 66. Es wäre das unangenehmste Datum gewesen, das es überhaupt jemals hätte geben können. Der Wochentag war damals allerdings ein goldgelber Sonntag.

Mein inneres Braun lässt sich etwa als die Farbe zwischen Vollmilch und Halbbitterschokolade beschreiben. Ich finde es seltsam, dass ich mich von meinem eigenen Braun so abgestoßen fühle, denn alles »Schokoladige« zieht mich außerordentlich an!

Es mag eine Erklärung für diesen »Widerspruch« geben. Meine inneren Farben sind niemals die »wirklichen« äußeren Farben. Ich habe schon versucht, die synästhetischen Farben aufzumalen. Es war mir nicht möglich, ihren Farbton genau zu treffen. Darüber hinaus lässt sich das permanente leichte Flimmern nicht darstellen, das meine Farben lebendig erscheinen lässt. Außerdem gelingt es mir nicht, die Formen der Zahlen und Buchstaben exakt wiederzugeben. Nur in ihnen wirken die Farben auf mich. Wenn ich mir z. B. das Braun der 6 als Klecks vorstelle, empfinde ich nichts. Die Wirkung meiner inneren Farben ist an bestimmte Zahlen- und Buchstabenformen gebunden! Also kann ich Schokolade essen und mich in braunen Möbeln wohl fühlen.

Mir fällt auf, dass ich kein inneres Blau besitze. Warum habe ich diese Farbe nicht verinnerlicht, obwohl ich sie in Wirklichkeit gern mag? Das Blaugrau der 2 und 8, der Wochentage Montag und Mittwoch sowie der Monate September und November ist mehr grau als blau. Alle Träger dieser Farbe sind angenehm und zurückhaltend.

Als neutral bzw. distanziert in ihrem klaren Weiß empfinde ich die 1 und die 7 und die Monate Februar und Dezember. Die 0 ist auch weiß, allerdings flimmert sie stärker als jede andere Zahl und ist gläsern. Wird die 0 an eine Zahl angehängt, dann nimmt sie grundsätzlich die Farbe dieser Zahl an. Unabhängig davon, wie viele Nullen z. B. an der 5 hängen – 50, 500, 5000 … –, sie sind alle gleich grün. Dabei verlieren sie nicht ihren gläsernen Charakter. Als alleine stehende Zahl empfinde ich die mittelrote 3 ebenfalls als neutral, sogar nichtssagend im Unterschied zu den als »selbstbewusst« empfundenen weißen Zahlen. Erst in einer Zahlenkombination erhält das Rot der 3 Farbintensität und Stärke, wenn sie an erster Stelle steht, z. B. 35, 314, 3891 …

Eine Eigenart in ähnlicher Weise hat die blaugraue 2, nicht die 8! Wenn sie an die erste Stelle einer längeren Zahl tritt, verfärbt sie sich schwarz und wird mir in dieser Rolle unangenehm. Die Jahrtausendwende stand mir emotional nur deshalb bevor, weil die 2000 schwarz ist und ich sie als bedrohlich empfinde. Wie viel lieber hätte ich 2000 Jahre übersprungen und in das goldgelbe Jahr 4000 hineingefeiert!

Das Jahr 2000 war von außergewöhnlich schweren Belastungen durchzogen. Außerdem wurde ich 60 Jahre alt, womit ein braun geprägtes Jahrzehnt für mich persönlich begann. Wie gern würde ich mit dem Verstand gegen meine bedrückenden, so absurd erscheinenden Gefühle angehen und sie einfach »wegdenken«. Doch es ist nicht möglich. Sie existieren im Grunde ständig und sind unveränderbar. Diese Unveränderbarkeit gilt für alles, was ich beschreibe. Ich habe nicht den geringsten Einfluss auf meine Farbengefühle.

Nur die 0, die 3 und die 2 verändern ihre Farbe in Kombinationen. Alle anderen Zahlen behalten ihren Farbton und ihre Farbintensität. Sie verlieren dagegen ihren »individuellen Charakter« und damit ihre individuelle Wirkung auf mich. Zweistellige Zahlen empfinde ich als eine Einheit, auf die ich grundsätzlich mit stark empfundener Sympathie oder Antipathie reagiere.

Zum Beispiel scheue ich die grün-braune 56. Sie ist die unangenehmste Kombination, die es gibt. Die braun-grüne 65 ertrage ich etwas leichter, »irgendetwas Beschwerendes« löst sich ein wenig in ihr auf. In allen zweistelligen Zahlen wie z. B. 31, 87 … entscheidet die linke Zahl über meine Gefühlsreaktion. Die einzige Ausnahme bildet die 56. Die braun-gelbe 64 ist mir sehr unsympathisch. Das unverminderte Goldgelb der 4 kann mir die 6 nicht sympathischer werden lassen. Zwar hat die 6 nicht mehr die abstoßende Kraft, aber die 4 kann mich auch nicht mehr stimulieren. Die 64 ist einfach eine unsympathische Einheit. Die 46 ist sympathischer, aber nicht so angenehm wie z. B. die gelb-rote 43, die rot-grüne 35 oder die grün-weiße 57.

Alle dreistelligen und längeren Zahlenreihen sehe ich bunt. Sie sind hübsch oder nicht so hübsch und haben keine besondere Wirkung auf mich. Ich empfinde sie nicht als Einheiten, sondern sehe sie Zahl für Zahl.

Es kann auch vorkommen, dass ich meine Farben regelrecht genieße. Sowohl als Schülerin als auch später als Lehrerin liebte ich das Kopfrechnen. Vielleicht war ich durch die farbliche Unterstützung besonders schnell. Das war der eine Vorteil; der zweite Vorteil bzw. Genuss bestand darin, dass jedes Kopfrechnen durch den schnellen Farbenwechsel für mich »bunt« wurde. Am schönsten war wegen der Schnelligkeit natürlich das kleine Einmaleins.

Vor einiger Zeit machte ich unmittelbar nach dem Aufwachen morgens ein Experiment. Ich versuchte mit geschlossenen Augen, meine mittelgrüne 5 gelb werden zu lassen. Sofort bekam ich starkes Herzklopfen und mir wurde schlecht! Trotzdem versuchte ich es weiter, und es entstand eine große, breite 5. Sie war grün-gelb gefleckt, wobei das Gelb schwarz umrandet war. Ich empfand sie als unerträglich garstig! Sie flimmerte »wie wild«. Ich versuchte weiter, sie ganz gelb werden zu lassen, aber über das Gefleckte kam ich beim besten Willen nicht hinaus. Viele Stunden brauchte ich an diesem Tag, um die unangenehm gefleckte 5 loszuwerden. Meine eigene grüne 5 sah ich die ganze Zeit – von mir als sympathisch und bescheiden empfunden – im Hintergrund.

Die breite, gefleckte 5 taucht in Ruhephasen immer wieder auf. Ich habe festgestellt, dass ich dann z. B. beim Spazierengehen die Augen möglichst weit öffne. Es ist wie ein Reflex, um nur nicht dieses Fünfermonster in mir sehen zu müssen. Völlig unbeabsichtigt drängt sich inzwischen eine rot-blaugrau gefleckte 8 auf, entstanden aus 3 und 8. Aber sie ist kleiner als die 5 und sieht sogar ganz hübsch aus. Trotzdem möchte ich sie nicht sehen, weil sie wie die 5 ein Fremdkörper ist. Hoffentlich werden gefleckte Zahlen kein emotionales Problem für mich.

Seit Jahrzehnten leben also Farben in mir, die mein Befinden beeinflussen. Sie gehören mir, und vor allem gehöre ich ihnen.

Abschließend möchte ich versuchen, das schönste Erleben zu schildern, das meine Synästhesie mir ermöglicht. Es bezieht sich auf den bereits oben erwähnten Monat Januar. Dieses Erleben gelingt mir am intensivsten im Liegen mit geschlossenen Augen. Ich brauche dann nur das Wort »Januar« zu denken und im selben Augenblick »sehe« ich es als Wortbild in tiefem Weinrot »vor« mir. Während »mein Blick darauf« verweilt, lösen sich die Konturen der Buchstaben auf. Die Farbe bleibt und weitet sich zu einer so großen, randlosen Fläche aus, dass ich mich gefühlsmäßig mit dem ganzen Körper an sie schmiegen kann. Obwohl ich dabei oft das Gefühl habe, im Weinrot zu »kuscheln«, bleibt die »gesehene« Farbe als angenehm stabil empfundene Fläche erhalten. Wärme und Ruhe breiten sich in meinem Körper aus! Ich glaube, dass ich in diesem Zustand des Wohlbefindens nicht mehr denke, sondern nur noch »sehe« und fühle.

Synästhetische Erfahrungen

Margit Ritzka

Wann in meinem Leben bei mir zum ersten Mal synästhetische Eindrücke auftraten, weiß ich heute nicht mehr genau. Ich bin mir aber ziemlich sicher, dass ich recht früh (also noch vor dem Grundschulalter) begann, Buchstaben mit einer bestimmten Farbe zu assoziieren. Ich glaube, dass die Zahlen sich dem erst später zugesellten, auch wenn dieser Effekt heute der weit stärker ausgeprägtere ist. Der zeitliche Unterschied mag daher rühren, dass ich Lesen bereits fließend konnte, bevor ich in die Schule kam, Schreiben und Rechnen aber dort erst lernte.

Damit Sie sich ein Bild von mir machen können, werde ich mich hier einmal kurz vorstellen: Ich bin 29 Jahre alt, geborene Linkshänderin, »beidhändig« erzogen, Sternzeichen Fisch, verheiratet, aber (noch) kinderlos. Von Beruf bin ich Biochemikerin. Zur Zeit arbeite ich an der Medizinischen Hochschule Hannover an meiner Promotion. Nebenbei zeichne ich, schreibe (1½ unveröffentlichte Romane und diverse Kurzgeschichten bis jetzt), spiele seit Jahren und mit nicht nachlassender Begeisterung Fantasy Rollenspiele, singe im Chor, wenn die Zeit es erlaubt, und mühe mich mehr oder minder erfolglos beim Kendo (japanisches Fechten). Und um dem Leser ein realistisches Bild von meinem Leben zu geben: Ich führe eine Wochenendehe, in der über die Woche lange einsame Abende ausgefüllt werden müssen. Ich habe zwei jüngere Brüder, von denen einer Linkshänder, aber keiner Synästhetiker ist. Auch in meiner sonstigen Verwandtschaft scheine ich die einzige zu sein. Allerdings trat die Linkshändigkeit, von der man ja sagt, dass sie oft mit Synästhesie assoziiert ist, bisher nur in der Familie meiner Mutter auf, und von den dort noch lebenden Personen ist sie die einzige, bei der so etwas wie »verdeckte Linkshändigkeit« zu beobachten ist.

Trotz dieser »Isolation« in Sachen Synästhesie kann ich aber nicht behaupten, jemals schlechte Erfahrungen gemacht zu haben, wenn ich jemandem davon erzählt habe. Nicht, dass das so oft der Fall gewesen wäre – für mich war die Synästhesie stets eine angenehme Merkhilfe, die das Leben bunter machte und mir meine Arbeit erleichterte. Ebenso wie ich etwa alle möglichen Sachen mit Farben assoziiere, neige ich dazu, lange Ziffern in Kombinationen einzuteilen, die sich reimen, um sie mir besser zu merken. Ich habe nicht zu einem bestimmten Zeitpunkt bewusst damit angefangen, auch diese Angewohnheit hat sich einfach so ergeben.

Die Reaktionen auf meine Berichte schwankten zwischen der Überzeugung, ich hätte mir alles ausgedacht, um mein Gegenüber auf den Arm zu nehmen, lächelndem (oder lauthals lachendem) Unglauben und ehrfürchtiger Bewunderung. Selten einmal war auch ein »Das ist bei mir auch so! Dienstag ist blau!« dabei. – Krasse Ablehnung, wie andere Betroffene sie so oft berichten, erfuhr ich eigentlich nie. Andererseits bin ich nie ein Mensch gewesen, der in irgendwelche Schablonen gepasst hätte, und vermutlich gab es stets andere Dinge an mir, über die sich mein Bekanntenkreis eher aufregen konnte als ausgerechnet über die Synästhesie.

Ich habe recht milde Buchstaben-Farb-Assoziationen und ausgeprägte Farb-Zahl-Assoziationen. Das heißt: Jede Ziffer und fast jeder Buchstabe wird bei mir automatisch und ohne dass ich das bewusst beeinflussen könnte mit einer bestimmten Farbe in Verbindung gebracht. Die Eins z. B. ist weiß, die Zwei hellbraun bis ockerfarben, die Drei zinnoberrot, die Vier lindgrün usw. A ist unspezifisch (manchmal so eine Art dunkelgrau-grün), B wieder hellbraun, C orange, D mattgelb, E hellblau bis weiß (je nach Klangfarbe), F etwas dunkler braun, G leuchtend blau, H wieder gelb (gelber als D) usw. Wie diese Farben entstanden sind, kann ich nicht sagen – die meisten sind nicht unbedingt solche, wie ich sie im täglichen Leben bevorzugen würde. Jede Art von Orange kann ich z. B. überhaupt nicht leiden. Trotzdem sind mit C und W zwei gar nicht so seltene Buchstaben mit Varianten dieser Farbe besetzt (ohne dass ich übrigens eine Abneigung gegen Wörter mit diesen Buchstaben entwickelt hätte).

Außerdem assoziiere ich Dinge wie rechts oder links, gerade oder ungerade (beim Würfeln), Wochentage, Monate oder Ähnliches mit bestimmten Farben unabhängig von denen, die die Wörter von ihrer Buchstabenkombination herhaben sollten. Wenn ich in solchen Fällen das betreffende Wort in Gedanken buchstabiere, sehe ich beide Farben quasi überlagert vor mir. Früher (ich erinnere mich an die Zeitzwischen meinem 13. und etwa meinem 18. Lebensjahr) ergaben sich auch regelmäßig Farbeindrücke beim konzentrierten Hören vor allem klassischer Musik. Diese sind heute allerdings seltener geworden.

Wenn ich synästhetische Eindrücke habe, sehe ich die Farben nicht vor mir und sie überlagern auch nicht die Welt um mich herum, sondern sie erscheinen sozusagen vor meinem »inneren Auge«, an derselben Stelle, wo auch Bilder auftauchen, wenn ich mich an Orte oder Situationen erinnere oder etwas lese und mir das Gelesene bildlich vorstelle. Der Effekt tritt nur auf, wenn ich Wörter oder Ziffernkombinationen in Gedanken »aufrufe«, um mich z. B. an die Rechtschreibung eines bestimmten Wortes oder auch die Geheimzahl meiner EC-Karte zu erinnern, nicht aber, wenn ich das betreffende Wort gedruckt oder geschrieben vor mir sehe.

Mein tägliches Leben wird, ebenso wie die Interaktion mit meiner Umwelt, durch die Synästhesie nicht beeinflusst. Der Vorteil, den dieses Talent mir bringt, beschränkt sich darauf, dass ich mir zumindest einige Telefonnummern besser merken kann, da ihre Farbkombination auffällig ist.

Ich halte mich selbst, was das angeht, für glücklich, da für mich durch die verhältnismäßig schwache Ausprägung der Symptome die Synästhesie etwas ist, das ich an mir selbst beobachten kann, ohne ihr gleichzeitig ausgeliefert zu sein. Ich glaube daher auch nicht, dass ich durch »meine« Art der Synästhesie mehr oder andere Dinge wahrnehme als andere

Leute. Auch ausgeprägte übersinnliche Erfahrungen im landläufigen Sinne habe ich bisher nicht gemacht.

Das einzige vielleicht Auffällige an mir ist, dass ich ein ziemlich aktives Unterbewusstsein habe, das häufig viel aufmerksamer ist als »ich selbst«. Leider beschränktes sich meist darauf, kurze »Irgendetwas stimmt hier nicht«-Impulse zu senden, die ich viel zu oft verdränge. Ich weiß nicht, wie viele Regenschirme, Schlüsselanhänger oder auch wichtigere Sachen ich wohl nicht verloren hätte, wenn ich diesen Impulsen mehr Beachtung geschenkt hätte. Wenn ich Sachfragen oder Rechenaufgaben sofort beantworten würde, ohne sie gedanklich noch einmal zu überprüfen, gewönne ich vermutlich jedes Fernsehquiz, weil ich die Antwort oft schon »weiß«, bevor ich selbst sie mir glaube. Ein Zusammenhang mit der Synästhesie ist hier nicht ohne weiteres herzustellen, vielleicht aber mit den Vorahnungen, von denen so viele Synästhetiker/innen in Hannover berichtet haben: Ein aktives Unterbewusstsein verknüpft unter Umständen auch die Fakten, die wir selbst bewusst gar nicht wahrgenommen haben, und gibt unter ihrer Berücksichtigung das wahrscheinlichste Ergebnis aus. Tritt dieses dann tatsächlich ein, kann der Betroffene sich und anderen meist nur schwer erklären, wie er das alles »schon vorher gewusst« haben konnte. Auch assoziatives Denken hilft vielleicht dabei, schon aus minimalen Anzeichen auf die tatsächlich eintretenden Ereignisse zu schließen.

Ich glaube, dass Wahrnehmung und Beurteilung des Wahrgenommenen einer der interessantesten Aspekte des menschlichen Verhaltens sind. Synästhetiker stellen hier einen Sonderfall dar, dessen Untersuchung unter Umständen nicht nur Erkenntnisse über die Verarbeitung von Sinnesreizen im Gehirn, sondern auch über das Entstehen von subjektiver Wahrnehmung an sich (letztlich also über das Entstehen einer »Persönlichkeit«) ergeben kann. Eine völlige Aufklärung der Mechanismen der Persönlichkeitsentstehung und der Subjektivität kann es m. E. schon deswegen niemals geben, weil man, wie Heisenberg sagte, kein System beobachten oder untersuchen kann, ohne es zu verändern – und einen Punkt in Gänze zu betrachten, auf dem man sich befindet, ist gleichfalls unmöglich. Ich persönlich glaube aber, dass jede Erkenntnis darüber, wie der Mensch denkt und sich eine Meinung bildet, äußerst wichtig ist, weil sie viele Phänomene zu verstehen und vielleicht auch zu bekämpfen hilft, die den Fortbestand der Menschheit an sich einmal gefährden könnten (als da wären: Aggression, Revierverhalten, das blinde Ansprechen auf Indoktrination verschiedenster Natur usw.).

Vielleicht ist diese Vorstellung utopisch, aber wenn sie sich in 50 oder 100 Jahren tatsächlich bewahrheiten sollte und ich mit meinen Farb-Zahl-Kombinationen dazu beigetragen haben könnte, würde ich das zwar vermutlich nicht mehr erleben – aber freuen würde es mich trotzdem.

Wie? Dein »A« ist rot?

Insa Schulz

So, nun habe ich die Musik abgeschaltet und kann beginnen. Das Strömen bunter Flecken in meinem Kopf ist abgeebbt und hat dem »Denken« Platz gemacht. Trotzdem fällt es mir schwer, etwas über mein synästhetisches Dasein zu schreiben. Denn für mich ist Synästhesie ja eine Selbstverständlichkeit, eine Alltäglichkeit wie das Einatmen und Ausatmen, dem ich für gewöhnlich nicht viel Aufmerksamkeit schenke, geschweige denn jemandem davon erzähle.

Vor drei Jahren bin ich beim Lesen eines Zeitungsartikels darauf gekommen, dass die Art und Weise, wie ich die Welt wahrnehme und mich in ihr zurechtfinde, eine Art und Weise ist, die die Mehrzahl meiner Mitmenschen nicht kennt. Bis dahin wusste ich nicht, dass nicht für alle Menschen der Montag rot und der Dienstag gelb ist; dass nicht in allen Köpfen beim Rechnen Zahlenstrahlen entstehen, auf denen sich bunte Klötze abbilden, deren Beziehungen zueinander sich in feinen hellblauen Linien zeigen.

Schließlich sind sich ja auch die meisten Menschen über bestimmte Analogien einig, wie beispielsweise, dass »hohe« Klaviertöne »hell« klingen und »tiefe« Töne eher »dunkel« sind. Warum hätte ich daran zweifeln sollen, dass für alle anderen Leute »Liebe« als ein gelbes Wort erscheint, unabhängig von seiner Symbolfarbe Rot? Wir arbeiten doch alle innerlich so viel mit Bildern – in Träumen, Wachträumen, beim Vorstellen, beim Erinnern etc. –, dass es mir niemals in den Sinn gekommen wäre, es könnte irgendwo eine Grenze existieren, an der sich die Geister (unter-)scheiden.

Nach einer Zeit, in der ich das Gefühl voll auskostete, »etwas Besonderes« zu sein, kam dann eine Zeit, in der für mich das Wir-Gefühl sehr wichtig wurde: »Wir Synästhetiker, wir Wahrnehmungs-Exoten, wir bilden die Familie der ewig Unverstandenen, und mithilfe der Medizinischen Hochschule Hannover können wir endlich zueinander finden!«

Mittlerweile habe ich verstanden, dass auch »wir« uns nicht problemlos verstehen, dass auch »wir« alle unterschiedlich sind und ganz individuelle Innenleben haben: Ich habe noch keine zweite Person getroffen, für die die Zahl »3« rot ist, das Wort »drei« aber hellblau, und die außerdem wohlig warme Körperregionen als dunkelgrün-orange empfindet. Und ich kann nicht alle Wahrnehmungen, von denen andere Synästhetiker berichten, nachvollziehen; auch wenn ich es damit sicherlich leichter habe, als wenn mir die synästhetische Erlebnisweise nicht vertraut wäre. Letztlich bleiben auch »wir« uns einander fremd. Der Traum vom grenzenlosen Einander-Verstehen; der Wunsch nach vollkommener Aufhebung der individuellen Unterschiedlichkeit; die Sehnsucht nach einem Gefühl von Zugehörigkeit, das in einer Allverbundenheit mündet; das bleibt Traum, Wunsch, Sehnsucht – wie für alle Nicht-Synästhetiker wohl auch.

Komme ich also wieder vom Wir zum Ich und stelle mich zunächst einmal vor: Insa. Sonniges Gelb; saftiges Grün; leuchtendes Rot; nochmals leuchtendes Rot; gegossen in eine etwa ovale Form. Mein Name sieht schön aus. 25 Jahre. Sonnengelb und Aralblau. Und ab März dann Sonnengelb und Preußischblau.

Farbiger Alltag: Worte und Zahlen

Das möchte ich kurz erläutern. Alle geschriebenen, gesprochenen, gehörten Texte erscheinen wortweise farbig vor meinem »inneren Auge«, auf einer Fläche, die ungefähr eine Armlänge entfernt zu sein scheint und in einem ansonsten ganz dunklen, aber auch nicht wirklich schwarzen Raum auftaucht. Dabei hat jeder Buchstabe eine bestimmte Farbe;

bei manchen Buchstaben wie z. B. dem »s« und dem »a« ist es das gleiche Knallrot, was dazu führt, dass ich sie des Öfteren vertausche und dass ich mich deshalb vertippe, weil mein schnell nach links geworfener Blick mir bereits zu bestätigen scheint, dass ich mit dem Finger tatsächlich die richtige Taste angepeilt habe – schließlich erfasst der Blick das von dort leuchtende Rot –, obwohl das Rot sowohl vom »s« als auch vom auf der Tastatur daneben liegenden »a« stammen kann.

Aus den verschiedenen Farben der Buchstaben eines Wortes entsteht eine »Gesamtfarbe«, die am stärksten durch die enthaltenen Vokale bestimmt wird; so ist z. B. das Wort »Kanne« auf den ersten Blick rot, obwohl durch das »K« und die beiden »n« grüne Buchstaben nicht nur enthalten, sondern zahlenmäßig sogar überlegen sind. Überall, wo Buchstaben eine Rolle spielen, spielen die Farben mit: bei Texten, Namen, Wochentagen und Monatsnamen, bei Noten, Parteikürzeln und Autokennzeichen, am Bahnsteig usw.

Ebenso ist es überall, wo Zahlen vorkommen: Mehrstellige Zahlen setzen sich aus farbigen Ziffern zusammen. Dadurch sind z. B. alle Zwanziger vorne gelb, alle Dreißiger rot, die Vierziger grün und die Fünfziger blau. Wenn es mir allerdings darauf ankommt, innerhalb eines Zehners die Zahlen zu unterscheiden, dann achte ich verstärkt auf die hintere Farbe, auf das Grün der »34« und das Blau der »35«. Das kann eine Gedächtnishilfe sein, kann aber auch Verwirrung stiften, denn der Farbeindruck bleibt auf die Dauer nicht gleichermaßen differenziert: Das Sonnengelb der »2« und das Zitronengelb der »7« gleichen sich an, und der zarte, farblose Umriss der »0« verflüchtigt sich, sodass aus der Telefonnummer »3-4-2-2-7-0« bald die folgende Reihe farbiger Klötze wird: rotgrün-gelb-gelb-gelb. Allein vom erinnerten Farbeindruck ausgehend kann ich also nur selten auf die zugrunde liegenden Ziffern zurückschließen.

Vor allem beim Rechnen wird das Farbsystem für mich selbst an einem bestimmten Punkt undurchschaubar. Die »8« bekommt ihre Farbe erst im Kontext; bei »8 × 3 = 24« ist sie grün, weil das Rot schon für die »3« verbraucht und ein grüner Faktor notwendig ist, um die gelb-grüne »24« entstehen zu lassen (bei »6 × 4= 24« ist die »4« dieser grüne Faktor). In der Rechnung »8 × 4= 32« ist die »8« dagegen rot, weil die »4« immer auf alle Fälle grün ist und die »8« es daher nicht mehr sein kann. Sind die zu multiplizierenden Zahlen nämlich gleichfarbig, so bekomme ich als Ergebnis automatisch eine Quadratzahl: »rot × rot = 9« und »grün × grün = 16«, und da in diesem Fall bereits beide bisher für die »8« bekannten Farben Rot und Grün vorkommen, ist für die Rechnung »8 × 8 = 64« eine weitere nötig: das Rotbraun, das in Rot übergehen kann und das manchmal beim Zusammenfließen von roter und grüner Tusche entsteht. Zum Glück ist die »8« meine verrückteste Zahl, d. h. die einzige, deren Farbe so wenig festgelegt ist – bis auf die ähnlich kuriose »9«, die ich aus einem anderen Grund nicht eindeutig bestimmen kann: Ich kenne einfach kein Wort, mit dem sich die dunkle Mischung von Preußischblau, Petrol und Umbra treffend beschreiben ließe.

Nun habe ich mir dieses System von Zahlen, Rechenoperationen und Farben aber nicht in mühsamer Kleinarbeit ausgedacht – was man vielleicht vermuten könnte, da ich ja von »weil schon verbraucht« und »bekommen« und »belegen« spreche. Vielmehr habe ich erst in einer solchen mühsamen Kleinarbeit herausgefunden, wie mein Rechnen funktioniert – oder besser gesagt, ich habe mit dem Herausfinden begonnen; denn da die farbigen Flächen, Klötze und Fäden in einem dreidimensionalen Raum lokalisiert sind und sich zusätzlich noch darin bewegen, ist offenbar die Grenze dessen erreicht, was ich mithilfe meines eigenen Denkvermögens an Komplexität erfassen, was ich über die in mir ablaufenden Rechenprozesse und die Rolle der dabei beteiligten Farben verstehen kann. Vielleicht liegen den am Beispiel der »8« dargestellten Zahl-Farbe-Zuordnungen ja auch gar nicht die genannten Regeln zugrunde und es handelt sich nur um eine zufällig recht logische und dadurch gut beschreibbare Zuordnung der Farben? Wie dem auch sei, Tatsache ist zumindest, dass mir Mathematik, insbesondere Analysis, in der Schule sehr viel Spaß gemacht hat – auch ohne, dass ich von meiner Synästhesie überhaupt etwas ahnte, denn damals war ich auf sie noch gar nicht aufmerksam geworden.

Das Entdecken geht weiter

Immer wieder mache ich neue Entdeckungen innerhalb meiner »synästhetischen Welt«, beispielsweise die Entdeckung, dass die Zahl-Farbe-Zuordnung auch in der Gegenrichtung funktioniert. In Interviews und im Gespräch mit anderen Synästhetikern war ich bereits häufiger danach gefragt worden, und meine Antwort hatte immer ungefähr so gelautet: »Natürlich weiß ich, dass mein ›a‹, mein ›s‹ und meine ›3‹ rot sind und kann daher bewusst die Farben in Zeichen zurückübersetzen; aber dass ein in einer Galerie ausgestelltes Bild in mir – ohne mein absichtliches Zutun – Zahlen oder Wörter auslöst und ich dadurch vielleicht sogar das Gefühl habe, endlich den Maler verstanden oder eine versteckte Botschaft gefunden zu haben; das kenne ich nicht.« In einem Gespräch ging mir dann doch irgendwann mal das Licht auf, dass ich die »umgekehrte Zuordnung« durchaus kenne: Ich wollte es gerade wieder verneinen, als mein Blick auf meine Füße fiel und mich an ein Erlebnis während der Zugfahrt erinnerte; unterwegs hatte mir beim Dösen eine ganze Weile die Reihe »1-3-1-3-1-3-1-3« durch den Kopf gespukt – meine halbgeöffneten Augen waren auf meine Füße gerichtet, auf die selbstgestrickten Socken mit einem Norweger-Muster, in dem auch ein paar Reihen mit abwechselnd roten und weißen Maschen vorkommen. Ohne meine bewusste Anstrengung hatte die Übersetzung von Farben in Zahlen stattgefunden, von »weiß« in »1« und von »rot« in »3«. Ich vermute, dass ich mich an diese Wahrnehmung nicht erinnert hätte, wenn sie ein paar Tage oder Wochen zurückgelegen und ich gerade andere Socken getragen hätte; denn wenn ich mir solche Erlebnisse nicht aufschreibe, vergesse ich sie bald wieder.

Im Allgemeinen helfen mir die Gespräche mit den Forschern der Medizinischen Hochschule Hannover, mit Freunden, Journalisten und anderen Synästhetikern recht gut, sowohl beim Erinnern als auch beim erstmaligen Bemerken; denn erst durch die Fragen interessierter Menschen bin ich aufgefordert, stärker zu beachten, was in mir so vorgeht. Allerdings hat auch diese, von anderen angeregte Introspektion ihre Grenzen.

Am Beispiel der Rückübersetzung von Farben habe ich ja eben bereits angedeutet, dass sich die synästhetischen Abläufe – was immer da auch »abläuft« – nicht willentlich kontrollieren lassen in dem Sinne, dass ich sie bei Bedarf oder Interesse hervorrufen könnte; so bewirkte auch das häufige Gefragtwerden nicht, dass mir die Farbe-Zahl-Zuordnung auffiel; jegliche Anstrengung ist zwecklos. Voraussetzung für die bunten Erlebnisse ist nämlich ein bestimmter Aufmerksamkeits- bzw. Entspannungszustand: Ich darf mich nicht auf die »übliche denkende« Weise mit meiner Umwelt beschäftigen, sondern muss irgendwie »abgeschaltet« haben. Solange ich mich beispielsweise auf den Inhalt eines Textes konzentriere, kann ich ihn ganz »normal« lesen, ohne dass sich Farben hineinmischen; schalte ich dann aber innerlich um und lasse die Farben kommen, erfasse ich nicht mehr viel Inhaltliches. Was nun bei diesem »Umschalten« passiert, vermag ich nicht zu erklären, nur ganz vage zu beschreiben: Ich nehme eine gewisse Distanz zum äußeren Geschehen ein, ziehe mich ein Stück weiter in mich selbst zurück, bin ein ganz eigenartiges passives Mitschwingen.

Nun ist für meine verschiedenen Synästhesien ein jeweils unterschiedliches Maß an Versinkenlassen nötig; anders formuliert: ich darf unterschiedlich stark wahrnehmen, was »wirklich« um mich herum passiert, damit die synästhetischen Empfindungen nicht überdeckt werden. Am besten kann ich mich auf die farbigen Worte und Zahlen verlassen, sie entstehen am deutlichsten und in jeder Situation, auch wenn ich im Stress bin. Um Geräusche und Musik, um Berührungen und Körperempfindungen sehen zu können, brauche ich dagegen sehr viel mehr Ruhe und Abstand; das oben erwähnte Dösen während der Zugfahrt, die innere Ruhe beim Yoga wie auch die Minuten vor dem Einschlafen sind ganz besonders förderliche Momente; und entsprechend kommt es auch vor, dass ich tage- oder gar monatelang so angespannt, in einer derart schlechten psychischen Verfassung bin, dass die Farben offenbar keinen Raum zum Entstehen haben. Dies gilt auch, wenn ich ein neues Musikstück einübe und mich in erster Linie auf die Noten und Fingersätze konzentrieren muss; erst wenn ich das Stück nahezu auswendig spielen und meine Aufmerksamkeit von den Tasten bzw. von den Saiten und der Bogentechnik lösen kann, dann treten mitdem Ausdruck und dem Klang endlich auch die Farben auf die innere Bühne; und jede lustfeindliche Situation, Nervosität, Ärger, Angst vertreiben sie wieder – als wenn sie nur dazu dienten, an sich schon schöne, erhebende, genussvolle Momente noch ein bisschen schöner zu machen.

Besonders deutlich wird das bei einer meiner »leisesten« Synästhesien: bei den Farben, die zu meinem Körper gehören. Sie stellen sich ein, wenn ich mich körperlich überaus wohl fühle. Beispielsweise in den Entspannungsphasen zwischen Yoga-Übungen; dann werden manche Glieder für kurze Momente zu bunten Gebilden. Ebenso bei besonders schönen sexuellen Begegnungen; die Farben werden durch ganz bestimmte Berührungen erweckt, durch zärtliche wie auch durch handfeste. Sie entstehen unter meiner Haut, als würden sie von innen an eine Hohlform meines Körpers projiziert; und ich betrachte sie von innen, sozusagen aus mir heraus. Es sind immer die gleichen Farbtöne für die gleichen Empfindungen: helles Blau und Violett, dunkles Tannengrün und einmal dunkleres, mal helleres Rot, das in ein leuchtendes Orange in Verbindung mit Maigrün übergehen kann. Allein, dass ich hier die Farben benennen kann, hat mich viel Zeit (und viel Frust) gekostet; denn sobald ich sie mir mit einem interessierten »Forscherblick« begucken und merken will, bin ich ja nicht mehr pure Hingabe, und sie verschwinden wieder.

Es können nicht nur die überaus wohligen, sondern auch sehr schmerzhafte Empfindungen sein, die in meinem Körper von Farben begleitet werden. So konnte ich letztens wegen Darmkrämpfen nicht einschlafen, und wenn ich mich auf das Rumoren konzentrierte und hineinspürte, dann verliefen keilförmige Flecken und aus ihnen hervorgehende Linien durch meinen Bauch, die ihre Farben wechselten und beim größten Schmerz hellgelb wurden. Es kommt wohl eher auf die Intensität des Erlebens, des Fühlens an als darauf, dass ich etwas genießen kann.

Dass ich eine neue »Entdeckung« innerhalb meiner »synästhetischen Welt« mache, muss nicht bedeuten, dass mir die Empfindungen zum ersten Mal auffallen; vielmehr handelt es sich oftmals um die klärende

»Entdeckung«, dass eine Empfindung keine »normale«, sondern eine synästhetische Empfindung ist: In einem Gespräch erst bemerke ich, dass eine bestimmte Wahrnehmung, die ich als für alle Menschen bekannt, selbstverständlich vorhanden und ähnlich vorausgesetzt habe, für diese nicht einmal nachvollziehbar, geschweige denn vertraut ist.

So musste ich mich doch auch sehr wundern, als mir Herr Professor Emrich Bilderzeigte, auf denen ein anderer Synästhetiker festgehalten hatte, welchen Eindruck er beim Musikhören hat: »Dieser in sich brodelnde Flicken-(besser: Flocken-)Teppich, diese bunten, auf- und absteigenden Linien, Punkte und Ellipsen, Schraffuren und Röhren – das soll etwas besonders Interessantes sein?

Ja aber so sehen doch wohl alle Menschen Musik, oder etwa nicht? Also ich zumindest, ich sehe das genauso, nur mit Blau statt Rot.« Nur gedacht, nicht aber gesagt habe ich, dass Herr Professor Emrich vielleicht »einfach nur« derart unmusikalisch ist, dass er diese Farbigkeit nicht sieht und deshalb so begeistert ist, was Synästhetiker-Gehirne und vermeintlich eben »nur« Synästhetiker-Gehirne hervorbringen. Es hat etwas gedauert, bis ich glauben und begreifen konnte, dass tatsächlich nicht in allen Köpfen bzw. nicht vor aller Leute Augen solche abstrakten farbigen »Filme« zur Musik ablaufen und dass nicht alle Menschen so direkt nachvollziehen können, in welchem unmittelbaren Verhältnis die Begriffe »Klangfarbe« und »Farbtöne« zueinanderstehen.

Bilder aus Klängen

Es fällt mir schwer, die in mir ablaufenden Formen und Farben so genau wahrzunehmen und so lange festzuhalten, dass ich sie aufzeichnen oder in Worte fassen kann. Gleichwohl möchte ich genau das jetzt einmal versuchen. Ich beschreibe ein Musikstück aus der Erinnerung, dann können die Eindrücke nicht so schnell wechseln:

Rot. Viel Rot. Kaum leuchtend Rot, sondern überwiegend Dunkelrot, Weinrot; durchzogen von schwarzen Linien; verdeckt von großen schwarzen Schatten, die wie dicke flauschige Wolken auf dem Rot liegen. Dunkelrot, das aus einem fast schwarzen, unten links liegenden Schatten heraus entsteht und sich zu einem klaren Rot aufschwingt. Der

Hintergrund, die ganze Umgebung bleibt dunkel; bis auf einen schmalen, rot leuchtenden Streifen um die rote Linie, um die rote Röhre herum, die sich da – parallel zum Ansteigen der Melodie – erhebt. Nach einem kurzen Verweilen auf dem erreichten hellroten Niveau – in Form einer waagerechten Linie – schwingt sich das seidig schimmernde Band (spielen die Geigen mit Dämpfer?) ein klein wenig höher ins Orange und löst sich in noch größerer Höhe schließlich auf – nur noch ein gelblicher, nicht einmal strahlender Nebel. Ein richtiges Leuchten entsteht nicht, denn ständig zieht sich ein weißer Streifen wie ein Nebel oberhalb des ohnehin schon schmalen Farbbandes entlang und nimmt die Farbe aus dem Bild. Insgesamt stören viele düstere, dunkelgraue Löcher von grummelnden Bässen und Pausen den rötlichen Schimmer.

Die Erinnerung ist zu trügerisch. Gerade höre ich mir eine Aufnahme des beschriebenen Stückes an; ich hatte an Griegs »Ases Tod« aus *Peer Gynt* gedacht, dabei aber offenbar gleichzeitig die feinen Zeichnungen vor Augen, die das Thema von »Anitras Tanz« ergeben. Beides sind rote Musikstücke, schon allein wegen der Namen Ase und Anitra, und beide purer Streicherklang mit viel Verwendung von Dämpfern. Und deshalb ganz einfach vermischt. So tückisch ist das Gedächtnis, eben auch das einer Synästhetikerin.

Neuer Versuch. Ganz neu für mich entdeckt habe ich nämlich Orgelmusik; sie kann es mit der Farbenfülle und Leuchtkraft von – sauberen – sonnen-durchschienenen Kirchenfenstern aufnehmen, auch wenn das Instrument in einer dunklen Krypta steht, wie die Silbermann-Orgel im Bremer St.-Petri-Dom. Da der Orgelton anhält und nicht verklingt wie der Klavierton, besticht mich die Dichte des Farbteppichs: Die einzelnen Töne erscheinen nicht als einzelne Ovale, sondern es bilden sich Bänder aus. Und auch bei sehr tiefen und mit den Pedalen gespielten Passagen werden die tanzenden Farben der höheren Melodie und Nebenstimmen nicht gestört, sondern die tiefen Klänge bleiben Klänge und tragen zu einem stabilen Sockel aus dunklen Tönen – und eben nicht nur einfach grummelnden und diffusen Löchern – bei: mit dunklen Grün- und Brauntönen und Nachtblau, bevor der ansonsten schwarze Hintergrund an die Farben stößt.

Ich höre und sehe mir G. A. Sorges *Fuge über den Namen B-A-C-H* an (die erste Schwierigkeit besteht darin, die bunten Buchstaben des Namens nicht zu beachten!):

Die ersten vier Töne sind am besten durch eine blaue Schlaufe zu beschreiben, deren Windungen in verschiedenen Blautönen schimmern: von Preußischblau beim ersten Ton zu mehr Türkis, dann für den höchsten Ton ein gelber Rand dazu, gehalten von einem recht hellen Mittelblau des vierten Tones, dass durch die folgende Pause klingt und sich damit aus der Schlaufe herausbewegt. Nach rechts; denn nach rechts läuft Musik weiter, nach links verklingt sie – im Prinzip, nicht immer. Das Mittelblau erhebt sich zu einem scheinbar bereits wartenden orange-gelben Flecken (der bereits erklungene dritte Ton, der noch nachwirkt und zu dem der Ausgehaltene zur Lösung der Spannung hinstrebt), um mit ihm gemeinsam in einer absteigenden Linie (diesmal nach links) in immer dunklere Töne bis zum Tannengrün überzugehen. Treppenartig arbeiten sich diese dann wieder hoch, jede Stufe nur minimal verändert durch das Fehlen des dunklen Kerns, durch das Aufleuchten eines gelben Randes oder durch das fließende Ineinanderübergehen von Rot bis zu Orange und Gelb.

So sieht die Grundgestalt des Themas aus, bis es in der Oberstimme ein zweites Mal einsetzt, mit wesentlich mehr gelbem und orangenem Schein wegen der Höhe und mit dem Aussehen einer Perlenkette wegen der besseren Identifizierbarkeit der einzelnen Pfeifen. Das ganze Stück so genau zu beschreiben, schaffe ich nicht – dazu möchte ich es viel zu gerne endlich genießen. Jetzt werde ich die Lautstärke hochdrehen und mich von Klang und Farben rundum einhüllen lassen. Tschüss!

Im Stillen genießen

Dr. Kerstin Feuge

Ich erinnere mich genau, wie rätselhaft mir oft die Welt erschien, als ich noch ein Kind war. Eines Tages saß ich auf der Schaukel und sah mir genüsslich eine Reihe von Wörtern an. Die wunderbaren Farbkombinationen der einzelnen Buchstaben hatten es mir angetan. Es war wie ein innerer Zwang: Immer wieder musste ich dieses Spiel spielen, immer neue Wörter zogen an meinem geistigen Auge vorbei. Manchmal dachte ich mir sogar Wörter aus, die besonders schöne Farben besaßen. Und manchmal war ich zutiefst verunsichert: Warum zum Beispiel war das Wort für Schnee grün, wo Schnee in Wirklichkeit doch weiß war? Und warum wurde das grüne Gras mit einem blauschwarzen Wort bezeichnet? Das Wort für »Tomate« hingegen war rot, was mir natürlich einleuchtete.

Noch verwirrender war für mich die Bezeichnung der Farben: Das Wort für »Gelb« war grün, das Wort für »Grün« türkis und das Wort für »Orange« eine Mischung aus Blau, Schwarz und Rot. Auch die Zahlen besaßen Farben, und hier gab es ebenfalls Dinge, die ich nicht verstand – warum zum Beispiel war die Ziffer »5« rot, das Wort »fünf« jedoch türkis?

Über diese und ähnliche Fragen zerbrach ich mir schon in jüngsten Jahren den Kopf, aber ich wäre nie auf die Idee gekommen, irgendjemanden darauf anzusprechen. Ich dachte, dass alle Menschen so veranlagt waren wie ich, dass die Dinge halt so seien, wie sie waren und dass es müßig sei, sie zu hinterfragen. Es mag sein, dass ich vereinzelt über meine Farbwahrnehmungen sprach; die Reaktionen darauf müssen so gewesen sein, dass ich mich nicht an sie erinnere – sehr wahrscheinlich geprägt von Unverständnis und Desinteresse.

So kam es, dass ich meine Fähigkeit im Stillen genoss und bis zum Alter von etwa 25 Jahren nie wieder darüber sprach. Es mag seltsam anmuten, dass ich meine Fähigkeit genoss, obwohl sie mich so oft verwirrte. Die Verwirrung bestand jedoch nicht in der Gefühlswahrnehmung, sondern sie war ein Produkt meines Geistes und kam nur dann auf, wenn ich meine Wahrnehmungen analysierte. Tatsächlich genoss ich meine Fähigkeit wie eine Süchtige: Ständig war ich auf der Suche nach Reizen, die neue und ungewöhnliche Farbwahrnehmungen auszulösen vermochten. Ich war verrückt nach neuen Reizen, und niemand konnte diesen Hunger stillen. Zugleich besaß ich ein unheimlich gutes Gedächtnis; so brachte ich es in meinen besten Zeiten fertig, an die 20 DIN-A4-Seiten Vokabeln nach dem ersten Lesedurchgang zu über 90 % zu behalten.

Für die Schule musste ich nie viel tun, aber meine Mitschüler dachten, ich würde nur zu Hause sitzen und pauken. Ich hingegen litt unter chronischem Reizmangel; ja, ich litt wie eine Süchtige, der man die Droge vorenthielt. Ständig war ich auf der Suche nach Reizen, die meine Sucht befriedigen konnten. Dabei lernte ich natürlich sehr viel; andererseits verlor ich jedoch alle Kontakte und entwickelte mich zu einer passionierten Einzelgängerin. Meine Mitschüler konnten mich nicht leiden, weil ich anders war und weil mir alles in den Schoß fiel. Womit jene zu kämpfen hatten – zum Beispiel mit den englischen Vokabeln – das machte mir nicht nur Spaß, sondern löste rauschartige Wonnen in mir aus. Klar, dass alle mich für einen Sonderling hielten. Man nannte mich zwar anerkennend »Superhirn« und schrieb gern von mir ab, aber in Wirklichkeit brachte man mir ein abgrundtiefes Misstrauen entgegen. Auch ich verlor das Vertrauen zu meiner Umwelt. Auf Verständnis konnte ich nie hoffen; meine Veranlagung war so ungewöhnlich, dass weder in meinem Elternhaus noch seitens meiner Lehrer auch nur die allergeringste Sensibilität dafür bestand. Im Gegenteil, oftmals legte man mir absichtlich Steine in den Weg und machte mir das Leben schwer. Ich war anders als die anderen, und das ließ man mich spüren.

Während meines Studiums erfuhr ich dann, dass meine rätselhafte Veranlagung als »Synästhesie« bezeichnet wird. Ich begann mich mit meiner besonderen Gabe, die mir stets von Vorteil gewesen war und mich mit einem enormen Leistungsvermögen beschenkt hatte, auf wissenschaftliche Art zu beschäftigen und ließ dazu Erfahrungen aus meinem Leben Revue passieren.

Wie ich bereits erwähnte, besaß ich immer ein sehr gutes Gedächtnis. Da nicht nur Ziffern, sondern auch Monats- und Wochentagsnamen vor meinem geistigen Auge farbig abgebildet werden, konnte ich mir zum Beispiel Geburtstage und andere Daten seit je bestens merken. Mit dieser Gabe habe ich meine Umwelt oft verblüfft. Ich brauchte nur ein einziges Mal zu erfahren, wann jemand Geburtstag hatte, um im nächsten Jahr ohne Merkzettel oder anderweitiges Erinnertwerden pünktlich zu gratulieren.

Zahlen und Vokabeln merkte ich mir ebenfalls anhand von Farben. Ich stellte fest, dass mein Gehirn sehr ökonomisch arbeiten muss, denn im Allgemeinen besitzen mehrere Buchstaben jeweils dieselbe Farbe. So nehme ich zum Beispiel s, c und i als gelb wahr. Wenn ich Vokabeln lerne, so merke ich mir nie die Wörter, sondern ausschließlich die mit diesen verbundenen Farbkombinationen. Wenn ich etwa weiß, dass eine Vokabel gelb-rot-gelb ist, so kann ich aus diesem Farbband immer die genaue Buchstabenfolge rekonstruieren, denn es ist ja nicht jeder Buchstabe beliebig mit jedem anderen kombinierbar. Anstatt mir eine große Anzahl Buchstaben zu merken, beschränke ich mich somit immer auf eine wesentlich geringere Zahl von Farben und nutze daher meine Gedächtniskapazitäten wesentlich besser als Nicht-Synästhetiker.

Musik, Sprache und Zahlen – alles erscheint mir in Farben. Jeder Komponist hat sein ganz spezielles Timbre; so ist die Musik von Beethoven dunkelgrün, die von Chopin orangegelb und die von Mozart rosarot. Selbstverständlich haben die Farben einen starken Einfluss darauf, ob ich einen Komponisten mag oder nicht. Dasselbe trifft auf Namen zu – haben die Buchstaben eines Namens schöne Farben, so mag ich den Namen; sollte dies jedoch nicht der Fall sein, so kann ich ihn nicht leiden. Genauso ist es bei Berufsbezeichnungen. Manche Berufsbezeichnungen haben für mich so hässliche Farben, dass ich die betreffenden Berufe nie ergreifen würde. An diesem Beispiel sieht man deutlich, wie stark wir in unseren Urteilen vom Gefühl und nicht vom Verstand geleitet werden. Wir werden immer »Argumente« finden, um unsere Urteile im Nachhinein rational zu begründen oder besser: zu rechtfertigen.

Interessant ist weiterhin, dass die synästhetische Wahrnehmung von Sprache zwar grundsätzlich von der realen Welt unabhängig ist, dass aber andererseits dennoch stärkere Korrelationen zwischen der außersprachlichen Welt und der Muttersprache bestehen als dies bei Fremdsprachen der Fall ist. Ein Beispiel: Das Wort »rot«, das für den außersprachlichen Begriff, die Farbe Rot, steht, nehme ich auch synästhetisch als rot wahr, während etwa das indonesische Wort »merah«, dass ebenfalls die Farbe Rot bezeichnet, in mir die synästhetische Wahrnehmung grün-blauschwarz auslöst. Eine ähnliche Konvergenz angeborener und umweltbedingter Faktoren ist auch aus vielen anderen Bereichen der Lern- und Wahrnehmungsforschung bekannt. Die rote Ziffer 5 und das türkisfarbene Wort »fünf« deuten darauf hin, dass Zahlen bzw. symbolische Darstellungen und Sprache offensichtlich in verschiedenen Gehirnbereichen verarbeitet werden. Synästhesie bedeutet für mich ein intuitives Erfassen von Zusammenhängen, ein leichtes und ökonomisches Lernen sowie die kreative Verarbeitung und Anwendung von Erkenntnissen. Sie gibt sehr interessante Aufschlüsse über die psychologischen und biologischen Grundlagen des Lernens. Nicht zuletzt aus diesem Grunde habe ich mich als Synästhetikerin der Lern- und Begabungsforschung zur Verfügung gestellt.

Gefühls-Synästhesie

Elfrun Holtmann

Mit farbenfrohen Buchstaben und Zahlen, Mustern oder Formen kann ich leider nicht aufwarten. Dennoch scheinen meine Fähigkeiten oder besser gesagt »Besonderheiten« synästhetisch zu sein. Zumindest glauben das die damit befassten Wissenschaftler. Sie nennen es Gefühls- und oder metamorphe Synästhesie.

Den »genuinen« synästhetischen Erscheinungen ist dies in vielen Dingen vergleichbar, nur dass bei mir, statt der Formen und Farben, permanent Gefühle »mitlaufen«. Das heißt, alles was ich sehe, höre, rieche, schmecke, anfasse, erzeugt gleichzeitig Gefühle – besser gesagt eigentlich, eine Art Bewertung. Die ist einfach immer da, ziemlich stark »unübersehbar« wahrnehmbar und ich kann mich gegen diesen zusätzlichen Wahrnehmungsmodus genauso wenig wehren, ihn abschalten oder »wegdrücken« wie die genuinen Synästhetiker ihre Formen und Farben. Es warnt mich. Sagt mir, ob etwas gut oder schlecht ist, in gewisser Weise auch, was ich machen oder eben nicht machen soll. Und es ist so beiläufig selbstverständlich präsent, dass man es manchmal kaum wahrnimmt – etwa so, wie man als geübter Fahrer Auto fährt, ohne großartig darüber nachzudenken, was man tut.

Und wie bei den »Genuinen« ist auch mir aus diesem Grund meine scheinbare »Eigenart« nie großartig als etwas Besonderes bewusst geworden. Es ist ja auch nichts Besonderes, werden sich einige vielleicht beim bisherigen Lesen gesagt oder gedacht haben. Fühlen kann und tut doch jeder. Stimmt schon. Selbst für die Wissenschaft scheint die Erforschung dieser »Variante« aus just diesem Grund nicht gerade einfach.

Allerdings scheint meine Fähigkeit einige »Nebeneffekte« zu haben oder zu erzeugen, die zum Teil so sehr abweichen, dass sie vielleicht doch anders sind. Für mich waren viele dieser Eigenarten jedenfalls immer wieder so stark, dass ich sie nicht übersehen konnte beziehungsweise, dass ich auch immer wieder darauf aufmerksam gemacht wurde, werde.

Dazu gehört beispielsweise die Fähigkeit, ganz automatisch simultan verschiedene Sinneskanäle wahrzunehmen: Hören und Sehen oder Reden und Zuhören. Dass das keineswegs so normal ist wie für mich selbstverständlich, wurde mir das erste Mal in der Schule bewusst. Die bekannten Spielchen: der Unterricht ist öde. Trocken. Langweilt. Also quatscht man mit dem Nachbarn, spielt Stadt-Land-Fluss oder Schiffe versenken oder lenkt sich mit einem etwas spannenderen Buch ab. Bis der Lehrer die Unaufmerksamkeit bemerkt, einen aufruft, das eben Gesagte doch bitteschön zu wiederholen. No problem! Für mich. Immer etwas pikiert, erstaunt, mürrisch wurde ich dann aufgefordert, aber gefälligst den Nachbarn nicht abzulenken. Denn der könne das nicht. Damals habe ich dann allerdings nicht weiter darüber nachgedacht. Für mich war es schließlich völlig normal. Warum sollten andere das nicht können sollen?

Dafür fiel mir, bei anderen Gelegenheiten, nur immer wieder auf – und manchmal frustrierte es auch – dass andere oft nicht zuhörten. Nicht wollten? Kein sonderliches Interesse hatten? Es sah zumindest immer ein bisschen so aus und hätte ja sein können. Warum nicht?

Im Laufe der Zeit bekam ich dann aber mehr und mehr und immer verblüffter mit, dass sie das scheinbar gar nicht konnten. Dass nicht mein »Alles-auf-einmal-und-gleichzeitig-wahrnehmen-Können« so normal war, wie ich dachte, sondern nur immer gerade den »Kanal einzuschalten«, der interessierte.

Denn mir fiel auf, dass die anderen das immer nur dann taten, wenn sie gerade mit etwas anderem beschäftigt, also wirklich abgelenkt waren. Lesen, Fernsehen, Schreiben, irgendetwas Basteln, Werkeln … für mich war es unvorstellbar, dass man nicht mehrere Dinge zugleich tun konnte. Wenn man seine Ohren schon irgendwo anders hatte, etwas oder jemandem schon zuhörte, konnte man nichts anderes hören – okay. Aber was haben die Ohren mit den Augen zu tun? Warum sollte man nicht gleichzeitig lesen und jemandem zuhören oder mit irgendetwas hantieren können sollen?

Auch bei Musik wurde dieser Unterschied deutlich. Einfache Rhythmen waren für mich im wahrsten Sinne des Wortes »eintönig«. Langweilig. Ich liebe Klassik, Jazz, so viel und vielfältig wie nur irgend möglich. Alles kunterbunt. Durcheinander. Am allerbesten ist es, wenn jedes Instrument in eine andere Richtung spielt. Wobei ich, wie ich erst kürzlich feststellte, nicht nur gleichzeitig immer jeden »Instrumentenweg« einzeln verfolgen kann, sondern immer – ebenfalls gleichzeitig – das ganze Zusammenspiel höre. Auch hier scheint es jedoch eher normal zu sein, sich immer nur auf das »einzublenden«, was man gerade hören möchte, bzw. was die meiste Aufmerksamkeit erweckt. Vielleicht ist das ein plausibler Grund, warum nur relativ wenige Menschen Jazz oder Klassik mögen. Eine Bekannte drückte es kürzlich so aus: Jazz gefiele ihr nicht, meinte sie. Es hätte »zu viele Töne«. Zu viel Musik auf einmal.

Paradoxerweise bereitet es mir jedoch enorme Probleme, wenn viele Menschen auf einmal durcheinander reden. In Kneipen beispielsweise. Oder auf Partys. Auch bei manchen Talkshows im Fernsehen. Früher glaubte ich immer, leichte Hörprobleme, ein Hörfehler irgendeiner Art, könnten dafür verantwortlich sein. Es irritierte mich allerdings, dass es ausschließlich in den genannten Situationen auftrat, konkreter: immer dann, wenn das diverse Gehörte nicht zusammenpasste, keinen Gesamtklang ergab, nicht miteinander harmonierte, keine »Verbindung« hatte.

Das gilt auch, wenn beispielsweise der Fernseher quasselt, das Radio dudelt und dann auch noch jemand etwas sagt oder selbst Musik macht. Das kann mich hin und wieder richtig »raschelig« machen. Dabei bilde ich mir ein, eigentlich ganz gut hören zu können. Auch entsprechende Untersuchungen lieferten bisher keinerlei Anzeichen für mögliche Hör-Fehlleistungen.

Eine weitere und wie ich inzwischen weiß vermutlich ebenfalls synästhesiebedingte oder zumindest synästhesiebegleitende Besonderheit ist völlige Angstfreiheit. Nein, eigentlich ist es mehr. Oder besser gesagt, diese Angstfreiheit ist nur ein Teil eines ganzen Pakets von Eigenschaften, die sich gegenseitig zu bedingen scheinen. Auch sie begleiten mich von Kindheit an.

Allerdings habe ich auch ihnen nie besondere Beachtung gezollt, denn schließlich waren auch sie für mich völlig normal. Vielleicht aber auch, weil Angstfreiheit von anderen oft negativ bewertet wird. Sie ist schwer zu beschreiben, vor allem, wenn man sie selbst nicht kennt, sich nicht hineinversetzen, sie nicht »nachfühlbar« nachvollziehen kann. Das Gefühl ist traumhaft leicht, beinahe irreal, »überirdisch« schön. Ich versuche es einmal so: Die Haupteigenschaften oder »Haupt«auswirkungen« sind innere Sicherheit, Gelassenheit. Abstand, besser gesagt, ein eigenartiges Gefühl der Distanz, des »Aus-einiger-Entfernung-zum-Objekt-Betrachtens«. Enorme Ruhe. Friedlichkeit. Friedfertigkeit. Aber auch große Selbstsicherheit. Und – inneres »Wissen«. Alles, was man betrachtet, scheint völlig klar und deutlich, unmissverständlich zu sein. Es gibt kaum Zweifel. Alles ist licht, hell und völlig zufrieden – ruhig, klar. »Durchsichtig«. Das »Sich-ständig-immer-um-irgendetwas-oder-irgendjemand-Sorgen-Machen« vieler Menschen ist mir sehr fremd. Manchmal erscheint es mir geradezu absurd, überflüssig, manchmal auch bedrückend lächerlich, eng.

Vermutlich aus Mangel an Nachvollziehbarkeit wirkt dies auf viele eher negativ. Zumindest wird es immer wieder, relativ häufig, als »Oberflächlichkeit«, Lethargie, Sorg-/Gedankenlosigkeit … gesehen. Schwer zu erklären, dass das alles etwas mit Angstfreiheit zu tun hat, dass man einfach alles nur etwas klarer sieht und dass vieles dabei wegfällt, unbedeutend, überflüssig wird. Man sieht es aber eben nur, wenn man viel, mehr, wenn man das Ganze sieht: Zusammenhänge.

Hier scheint, so fällt mir zumindest in Diskussionen, Meinungsaustauschen und Ähnlichem immer wieder auf, ein ähnliches Phänomen wirksam zu sein, wie beim Musikhören: die Fähigkeit, alles wie auch immer »Dazugehörende« gleichzeitig wahrnehmen zu können.

Oder aus der »Gegensicht« betrachtet, scheinen auch hier viele, die meisten immer nur das wahrnehmen zu können, was ihnen wichtig, die »Hauptsache«, DAS Wesentliche zu sein scheint, und alles andere, (scheinbar) unbedeutend Nebensächliche auszublenden. Obwohl jeder wissen können müsste, dass eben oft auch oder gerade scheinbar Unbedeutendes und Nebensächliches mitunter das gesamte »Bild« enorm verändern, es zu etwas völlig anderem werden lassen kann.

Meine Pyramiden-Parabel verdeutlicht, was ich damit zu erklären versuche, vielleicht noch besser. Was hat die Erklärung einer anderen, unterschiedlichen Wahrnehmungs- und Denkweise mit einer Pyramide zu tun? Wie kann man zwei derart völlig verschiedene, abstruse Dinge miteinander zu vergleichen versuchen? Einfach lächerlich. Völlig an den Haaren herbeigezerrt. Versuchen wir es trotzdem:

Fünf Menschen nähern sich jeweils einer der möglichen Sichtseiten einer Pyramide. Ihr Problem ist: Sie können nur Flächen sehen, keine Körper, nicht räumlich. Und jeder sieht immer nur die Fläche, der er sich nähert. Keiner sieht das Ganze. Aus diesem Grund käme auch nie einer auf die Idee, dass vor ihm liegende »Ding« aus einer anderen Sicht betrachten zu wollen oder zu müssen. Denn schließlich ist ziemlich schnell klar, was man sieht. Vier werden jedenfalls sehr schnell einig: Ein Dreieck. Mit der Spitze nach oben. Ganz klar. Nur der Fünfte betrachtet das, was er sieht, wieder und immer wieder. Schüttelt den Kopf. Egal, wie er das »Ding« dreht und wendet, es ist ein Quadrat und bleibt ein Quadrat. Der arme Irre! Das meinen die anderen und sie sehen ihn auch genauso an. Mitleidig. Abfällig. Er muss einen Knick in der Optik haben. Oder wohl noch eher: einen Sprung in der Schüssel. Denn er lässt sich auch nicht überzeugen. Egal, was die anderen auch sagen. Er beharrt stur und unbeirrt – »unbelehrbar« – auf dem, was er sieht. Die ersten drehen genervt ab. Drehen dem »Spinner« den Rücken zu. Hat doch keinen Sinn. Die Gutmütigen versuchen immer noch eindringlich zu überzeugen, erklären wieder und immer wieder. Schließlich platzt einem der Kragen. Er greift an. Wie kann jemand nur so stur sein?

Ich stehe zunächst etwas abseits und betrachte das »Schauspiel«, den für mich so sinnlosen und völlig überflüssigen Streit. Greife dann aber doch ein und mache alles noch schlimmer. Denn nun habe ich, wenngleich jetzt auch in herrlichster Eintracht, alle fünf am eigenen Hals. Warum?

Weil ich ihnen zu erklären versuche, dass sie alle »Recht« haben. dass es gar nicht um Dreieck oder Quadrat geht. Eine Pyramide hat nun mal. Inzwischen weiß ich, dass meine Versuche ebenso sinnlos sind, wie die der Streitenden, zu klären, ob die »Dreiecke« oder die »Vierecke« »Recht« haben. Denn es ist sinnlos, etwas erklären zu wollen, was der andere gar nicht sieht – nicht sehen kann.

Es ginge, natürlich, wenn man dem, der eine Sache von einem anderen Standpunkt aus sieht, einfach glaubte, dass er sieht, was er sieht. Oder es geht auch mit Toleranz. Einfach zu akzeptieren, dass andere auch andere »Sichtweisen« haben und damit auch »Recht« haben – zumindest immer auch haben könnten –, liegt unserer »normalen« Sichtweise (leider) ziemlich fern. Wir haben's lieber einfach und überschaubar. Wenn das, was man glaubt, richtig ist, muss das andere falsch sein. Und was man nicht sieht (respektive: nicht kennt), kann es auch nicht geben. Das muss »gesponnen« sein.

Angstfreiheit? Gibt's nicht. JEDER Mensch hat Angst, bekommt man kategorisch entschlossen zur Antwort, sollte man sich je erdreisten, diese unumstößliche Tatsache leugnen zu wollen. Spinner! Angeber! Großmaul!

Den (genuinen) Synästhetikern geht es ähnlich. Wenn jemand Buchstaben und Zahlen oder Musik farbig sieht, ist die Sache doch »sonnenklar«: Halluzinationen! Was sonst? Irgendetwas stimmt mit dem doch nicht. Sonst müssten das ja alle sehen. Oder nicht?

Wie würden Sie reagieren, wenn Ihnen ein Freund, eine Freundin, Nachbar, Bekannter, Arbeitskollege »gesteht«, er könne den Beginn jeder Jahreszeit auf den Tag genau hören, riechen und fühlen. Oder Blitze und Hochspannungsleitungen riechen und schmecken?

Oder drehen wir den Spieß um. Angenommen, Sie könnten es, Sie selbst hätten diese oder andere ähnliche Fähigkeiten – sähen beispielsweise Buchstaben und Zahlen nicht nur im gedruckten Schwarz auf Weiß, sondern auch noch in den herrlichsten, jedoch sehr individuellen

Farben. Berichten anderen arglos. Wollen wissen, wie deren Farben aussehen, wonach ihre Blitze schmecken und riechen. Doch jeder, dem sie davon erzählen, sieht Sie nur ziemlich entgeistert, irritiert an. Mit einem merkwürdigen Blick, na Sie wissen schon, diesem »Der hat-doch-nicht-alle-Tassen-im-Schrank«-Blick; oder: Er hat die Tassen schon drin, aber scheinbar irgendwie nicht richtig sortiert, ein bisschen durcheinander. Was dann?

Synästhetiker SIND ganz »normale« Menschen. Jedenfalls nicht einsamer, »verhuschter«, zurückgezogener als andere. Aber – sie werden einsam gemacht, von allen, die glauben, ganz genau zu wissen, wer oder was »normal« ist und wer nicht. Nicht normal ist in ihren Augen, wer nicht so ist, so denkt, so reagiert, so aussieht wie sie selbst. Alle, die ein Viereck sehen, wo JEDER andere Dreiecke sieht …

Bin ich ein Synästhetiker?

Giesela Hesse

Wenn Synästhesie bedeutet, dass man Zahlen, Buchstaben, Worte farbig sieht, dann bin ich wohl Synästhetiker. Doch so klar ist das für mich nicht. 65 Jahre habe ich überhaupt nicht bemerkt, dass ich anders als andere Menschen sehe. Auch heute noch ist für mich das Farbigsehen so normal, dass ich nicht begreifen kann, dass die überwiegende Mehrheit der Menschen dies nicht so kennt.

Deshalb will ich versuchen zu beschreiben, wie und was ich sehe. Zunächst einmal sehe ich Zahlen und Buchstaben natürlich genau wie alle Menschen in der Farbe, mit der sie geschrieben sind (meistens also schwarz). Doch sofort werden sie je nach Zahl, Buchstabe oder auch Wort im Kopf in Farbe umgesetzt, ohne dass dabei das Bewusstsein beteiligt ist. Es ist also eine automatische Sinnesempfindung, die ich in keiner Weise mit meinem Willen beeinflussen kann. Die Farben sind für dieselben Zahlen, für dieselben Worte immer gleich.

Betrachte ich die Zahlen von 0 bis 9 allein, so hat jede eine andere Farbe. Bei mir steht für 0 = durchsichtig, 1 = weiß, 2 = gelb, 3 = rosa, 4 = blau, 5 = mittelbraun, 6 = kakaobraun, 7 = grün, 8 = rot, 9 = schwarz. Besteht eine Zahl nun aus mehreren Ziffern, so kommt es darauf an, wie stark die Farben zu einander stehen. Zum Beispiel die Zahl 10 erscheint mir milchig, während die 11 ein kräftiges Weiß ergibt. Bei den Farben dieser Zahlen kann es mir z. B. passieren, dass ich bei FDP eine 42 sehe – nämlich blau/gelb, oder wenn ich ein blau/grünes Polizeiauto sehe, denke ich sofort an die 47. Dies passiert mir aber nur bei Zahlen, weil ich die Farben der Zahlen nicht strukturiert sehe und mir die Farben klarer als bei Buchstaben erscheinen.

Eigenartig ist bei mir, dass ich Geld oder Faktoren in Schwarz sehe, nicht aber Rechenaufgaben als solche. Vielleicht hängt es damit zusammen, dass ich Buchhalterin war.

Bei Buchstaben, Worten, Namen, Wochentagen oder Monatsnamen ist es ähnlich wie bei den Zahlen. Bei Wochentagen sehe ich z. B. Samstag rot und Sonntag ebenfalls rot, nur sind es zwei verschiedene Rottöne. Während das Rot bei Samstag ein weiches warmes Rot ist, hat der Sonntag ein hartes kaltes Rot. März sehe ich wie Erdbeeren mit Milch, den April wie einen reifen Pfirsich. Ansonsten bildet sich meistens die Farbe des Wortes nach den Farben der einzelnen Buchstaben. Meist dominieren aber die ersten drei Buchstaben, die den Farbton des Wortes bestimmen. Das hat mir in der Vergangenheit schon peinliche Verwechslungen gebracht. Als ich in einer Darmgroßhandlung als Buchhalterin beschäftigt war, musste ich auch manchmal Bestellungen entgegennehmen. U. a. gab es da auch Kranzdärme und Krautenden, beide beginnen mit den ersten drei gleichen Farben, der Rest sieht ähnlich aus. Sehr oft habe ich diese beiden Därme verwechselt, was mir sehr peinlich war. Da ich sehr farborientiert bin, passieren mir im täglichen Leben oft solche Dinge.

So passiert es mir immer wieder beim Arzt, dass ich mich an den Namen eines Medikamentes nicht erinnern kann, sondern nur an die Farbe, z. B.: Es war ein blaues Medikament, aber das gelbe wirkte besser. Natürlich kann kein Mediziner oder auch sonst kein Mensch etwas damit anfangen, denn es sind nicht die Farben der Pillen, die ich sehe. Mir war dies immer unbegreiflich, wie so etwas mir passieren kann, bis ich im Gespräch mit anderen Synästhetikern ähnliche Dinge erfuhr.

Da uns unsere Umwelt nicht begreift, nicht versteht, ist es von großem Vorteil, dass sich die Synästhetiker-Gruppe regelmäßig trifft, sodass man An-und Aussprechpartner hat. Auf keinen Fall sind wir verrückt oder krank, die meisten von uns sind im Gegenteil technisch und mathematisch begabt.

Wie entstehen nun die Farben eines Wortes? Es ist nicht immer so, dass man klar Buchstabe für Buchstabe in Farbe sieht. Da es starke und schwache Farben gibt, dominieren oft die Starken über die Schwachen, andere Farben gehen eine Symbiose ein. So kann bei mir a = Rot, i = Zitronengelb zusammen manchmal ein Orange ergeben. Ein andermal sind es aber Pink = 0 und Gelb, die Orange ergeben. Oder t = Tintenblau kann etwas heller oder schwarz erscheinen, je nachdem, ob es mit weiteren Buchstaben in Verbindung tritt. Das H = Staubgrau ist eine sehr zarte, schwache Farbe, die im Wort oft ganz verschwindet, z. B. »Haar« sehe ich rot, das doppelte a ist ein sehr starkes Rot und r ist fliederfarben. Dies zusammen ergibt ein Rot. Das H verschwindet ganz.

Man darf sich das aber nicht an den einfachen Farben vorstellen, die man gewöhnlich kennt. Es sind überwiegend Mischfarben, die man Dritten sehr schwer beschreiben, eher malen kann. Die Farben erscheinen mir auch nicht glatt, sondern stoffig. Sie können kalt oder warm, weich oder hart, glatt oder strukturiert, flüssig oder fest, stark oder schwach sein. Ein Beispiel: Das C ist creme/metallig, das J sieht zwar aus wie Gold, aber stumpf, brüchig, körnig. Ein anderes Beispiel ist das B. Dieses sehe ich in einem sehr warmen, angenehmen Gelb-/Braunton. Es ist eine sehr starke Farbe.

Das P hingegen ist auch ein braun/gelber Ton, aber kalt, hart, fest, glatt. Dieses Gelb/Braun nenne ich deshalb kern- oder schmierseifenartig. Senf würde zwar auch ungefähr den Farbton treffen, ist aber von ganz anderer Struktur, nämlich warm, weich, breiig und strukturiert. Nehmen wir das D als Beispiel, das sehe ich mittelstark hellblau, das T aber ist ein ganz dunkles Blau, fast ein Schwarz. Diese Farbe ordnet sich immer im Wort den anderen Buchstaben – sprich Farben – unter, sodass es dann zum Schwarz oder helleren Blau wird.

Noch interessanter wird es bei F, dieses erscheint in einem wunderschönen warmen, satten, flauschigen Grün; pf ist ein Braun/Grün und auch ph ist ein Grün, aber mehr olivgrün, während das V ein helles Grau ist. So wie ich bei b und p zwei verschiedene Gelb-/Brauntöne, bei d und t verschiedene blaue Farben sehe, so ist es auch bei g und k. Das G sehe ich milchkakaofarben, das K kakaofarben. Anhand dieser Beispiele sieht man, dass es gar nicht so leicht zu beschreiben ist, welche Farben ich sehe.

Nehme ich ein Wort in einer anderen Sprache, so ist mir aufgefallen, dass ich das Französische ähnlich wie das Deutsche sehe, beim Englischen ist alles viel heller und schriller, meist sehe ich hier auch zwei Farben, nämlich die Sprech- und Schreibweise verschieden. Bei der russischen Sprache habe ich in meiner Erinnerung Schwierigkeiten mit deutschen Buchstaben gehabt, die im Russischen eine andere Bedeutung haben, z. B. ist das B im Russischen das W. Diese Sprache erscheint mir zwar sehr dunkel, aber auch sehr weich. Vielleicht ist das auch eine Erklärung für mich, da ich die verschiedenen Sprachen im Gesamtbild hart oder weich sehe, warum ich französische Chansons und russische Weisen liebe, aber englische Musik nicht ausstehen kann.

Auch Schmerzen haben für mich verschiedene Farben und Strukturen. Doch dieses Gebiet ist ziemlich kompliziert, weil fast immer bei Schmerzen verschiedene Faktoren mitspielen. Besonders farbintensive Bilder habe ich allerdings nach Anstrengungen, besonders starken Gefühlsausbrüchen wie Freude oder Trauer. Diese Bilder vergesse ich nie. Sie sind zwar nicht immer gegenwärtig, kommen aber immer wieder in mir hoch, sodass ich schon öfters daran gedacht habe, diese Bilder zu malen.

Farbempfindungen bei Musik und Tänzen

Erstaunt bin ich immer wieder darüber, dass ich Melodie und Rhythmus trenne, entweder gebe ich mich dem Rhythmus hin (Tanz) oder der Melodie (Konzert). Selten vermischen sich diese Dinge. Die Farbempfindungen sind verschieden.

Wenn ich bei einem englischen Waltz weit gezogene Wellen sehe, die in Zartrosa/Zartgrau erscheinen, so sind es bei einem Walzer engere, tiefere Wellen in Zartgrau/Hellblau und ab und zu einem Hauch Rosa. Ganz anders empfinde ich die Farben bei einem Tango. Hier sehe ich ein kräftiges helles und ein kräftiges mittleres Blau in gerade aneinander gefügten Strichen. Der Foxtrott sieht ganz anders aus. Die Farben sind Tannengrün und Dunkelbraun ineinander gefügt in kleinen Kästchen, aber genarbt, ähnlich wie bei Tannenzapfen. Beim Swing sehe ich ein unregelmäßiges Zickzack in verschiedenen Lilatönen.

Ich habe schon darüber nachgedacht, ob ich mich vielleicht zu stark an die Worte binde. Das W sehe ich auch grau, das T dunkelblau, das F grün, aber es passt nicht. Es sind ganz andere Farben und auch die Strukturen passen nicht. Diese Farben sind viel klarer. Die Farbempfindungen bei Melodien zu beschreiben ist noch viel schwieriger. Außerdem fehlen mir noch die Vergleichsmöglichkeiten, ob ich immer dasselbe bei gleichen Musikstücken, gleichen Instrumenten, gleichen Musikern, gleichen Interpreten sehe. Aufgefallen ist mir nur, dass ich das meiste in einer Art Strickmuster sehe und bei der Bratsche dann immer eine Masche fällt. Oder es erscheinen mir eine Art Augen (Pfauenfeder) auf einer Art gerupfter Gans. Nur mit anderen Farben. Hier sind die Farben im Gegensatz zum Rhythmus sehr ruhig und unauffällig.

Zu viel Phantasie?

Angela Finke

Meine Synästhesie wurde mir im Alter von 17 Jahren bewusst. Damals wusste ich noch nicht, dass dies auch einen Namen trägt. Ich saß in der Berufsschulklasse und schrieb mit einem Kugelschreiber, in den eine blaue Mine eingelegt war, auf einem Blatt Papier. Mir fiel auf einmal deutlich auf, dass ich die Buchstaben bunt sah. Dies erschien mir seltsam bzw. unlogisch, da ich doch keine bunt schreibende, sondern nur eine blau schreibende Mine in den Kugelschreiber eingelegt hatte.

Zuerst dachte ich für einen kurzen Moment, dass dies einfach immer so ist, aber das befremdliche Gefühl, es könnte doch nicht immer so sein, veranlasste mich dazu, meine Banknachbarin zu fragen, ob sie denn auch die Buchstaben auf ihrem Blatt Papier farbig sähe. Sie schaute mich ungläubig an und sagte im Sprachjargon zu mir: »Hast du sie nicht mehr alle?« Sie sagte dann auch, dass sie die Buchstaben nicht farbig sieht. Daraufhin befragte ich fast alle anderen Klassenkameraden/innen, ob sie Buchstaben in Farben sehen, doch sie verneinten alle.

Jetzt kam ich mir wirklich komisch vor. Ich ließ mir einen Termin bei einem Arzt für Allgemeinmedizin und Psychotherapie geben und ging ein paar Tage später zu ihm. Dem Arzt erzählte ich dann, dass ich Buchstaben und, wie ich zwischenzeitlich auch feststellen musste, Zahlen, Wochentage und Monate in Farben sehe. Ich trug ihm meine Gefühle und mein Entsetzen darüber vor und wartete gespannt auf seine Diagnose. Er sagte zu mir daraufhin: »Sie haben ein übersteigertes Farbempfinden, zu viel Phantasie und müssen aufpassen, dadurch nicht in eine Traumwelt abzudriften. Es ist ein großes Kreativitätspotenzial, mit dem Sie lernen müssen umzugehen.« Außerdem erzählte er mir, diese Wahrnehmung käme häufiger bei Musikern vor, in der Form, dass sie Töne farbig sehen. Mit dieser Aussage, Töne farbig zu sehen, konnte ich gar nichts anfangen, da ich von so etwas zuvor noch nie gehört habe. Der Arzt nannte mir auch keine Bezeichnung für diese Wahrnehmungen, und so verließ ich ihn mit dem Gedanken, etwas zu haben, mit dem ich kaum etwas anzufangen wusste.

Zu Hause erzählte ich erst, nachdem ich bei dem Arzt gewesen war, meiner Mutter und Schwester von meiner Beobachtung in der Schule und dem anschließenden Arztbesuch. Auch sie fragte ich nach solch einer Wahrnehmung, aber beide verneinten dies. So erzählte ich in den folgenden Jahren nur wenigen Verwandten und Freundinnen von meiner Wahrnehmung, sie wussten damit aber auch nichts anzufangen und zeigten Unverständnis dafür. So ließ ich es auf sich beruhen.

Im September 1996 kam dann der Wendepunkt in dieser Sache. Ich kaufe mir nicht regelmäßig, aber öfters die Zeitschrift »Psychologie Heute«, auch im September 1996. Als ich diese Zeitschrift durchblätterte, stieß ich auf den Bericht *Multimedia der Seele,* in dem ich von einer Frau las, die Wörter und Wochentage farbig, und von einer Frau, die Zahlen farbig sieht. Ich dachte bzw. erkannte, dass dies genauso eine Wahrnehmung ist, wie ich sie habe. Mit Spannung las ich den Bericht zu Ende. Die Feststellung, dass diese Wahrnehmung, die ich hatte, in dem Bericht beschrieben wurde, war für mich wie ein Aha-Erlebnis. Ich war außerdem sehr froh zu lesen, dass diese Wahrnehmung noch mehr Menschen haben, da ich niemanden kannte, der dieses Phänomen auch besitzt, und dass es hierfür auch eine Bezeichnung gibt: Synästhesie. Sehr spannend und neu für mich war auch, von Menschen zu lesen, die beim Essen und Trinken farbliche Wahrnehmungen haben.

Beschreibung meiner Synästhesie

Ich sehe von den Buchstaben nur die Vokale in einer kräftigen Farbe. Das a ist grün, e ist blau, i ist gelb, o ist rot und u ist braun. Diese Buchstaben sehe ich in ihrer gesamten Form in Farbe, glatt und leuchtend stark. Sie haben aber keine strukturierte Oberfläche. Die Konsonanten sehe ich nur in hell und dunkel, wobei nur ein paar dunkel erscheinen. Wenn ich in einem Buch lese, so sehe ich zwar die schwarz gedruckte Schrift, aber die Vokale leuchten in meinen Farben durch. Dies irritiert mich keineswegs, da ich es ja nicht anders kenne.

Die Zahlen sehe ich auch in einer jeweiligen kräftigen Farbe, die die gesamte Form der Zahl einnimmt, aber ohne Strukturierung der Oberfläche. Die 1 ist weiß, 2 ist dunkelgrün, 3 ist rot, 4 ist gelb, 5 ist braun, 6 ist dunkelblau, 7 ist beige, 8 ist dunkellila, 9 ist hellblau und die 10 ist eine weiße 1 und eine farblose 0. Die Zahlen sehe ich, auch wenn sie größer werden, in den gleichen Farben, getrennt voneinander, z. B. die Zahl 23 ist eine dunkelgrüne 2 und eine rote 3. Bei den Wochentags- und Monatsnamen nehme ich zwar wieder die Vokale in meinen jeweiligen Farben wahr, aber dennoch sehe ich zusätzlich ein breites Farbfeld vor mir. Bei dem Wort Montag sind zwar das rote o und das grüne a vorhanden, aber ich sehe den Montag, wenn ich an diesen Tag denke oder von ihm höre, in einem breiten beigegelben Feld. Dienstag ist blaugrün, Mittwoch ist dunkelgrün, Donnerstag ist rosalila, Freitag ist schwarz, Samstag istorangerot und Sonntag ist weiß.

Bei den Monaten sind es andere Farben. Januar ist beige, Februar schwarz, März grün, April hellgrün, Mai grün, Juni weiß, Juli weiß, August dunkelgrün, September weißblau, Oktober dunkelrot, November orangerot und Dezember weißblau. Auch bei den Monatsnamen sehe ich ein breites Farbfeld vor mir. Bei den Buchstaben und Zahlen sind die Farben noch kräftiger als bei den Wochentagen und Monaten.

Dank dieser Farben hatte ich bis jetzt beim Lernen für Prüfungen kaum Schwierigkeiten, da ich mir die Wörter anhand der Farbkonstellationen merke und sie dann problemlos wieder abrufe.

Manchmal komme ich auch in eine Situation, in der etwas geschieht, woran ich einen kurzen Moment vorher gedacht habe, dies könnte jetzt geschehen. Es ist, als hätte ich diese Situation dann irgendwie heraufbeschworen oder bestimmt. Auch kann ich den Wechsel von einer Jahreszeit zur nächsten an einem bestimmten Tag genau erfühlen. Dies ist dann nicht der allgemeine Jahreszeitenanfangstag, sondern ein Tag, an dem ich z. B. genau weiß, heute ist Herbst, an dem ich die nächste Jahreszeit rieche, höre, fühle bzw. erahne.

Ich empfinde meine Synästhesie als Bereicherung für mein Leben; dennoch fällt es mir manchmal schwer, mich daran zu gewöhnen, etwas »anders zu sein als andere«.

Meine Welt ist immer bunt

Margarete Kloos

Als ich ca. 7 Jahre alt war, begann es, dass mich manchmal ein Gefühl »beschlich« – es kam damals noch nicht an die Oberfläche des Bewusstseins –, dass ich anders war als alle anderen Kinder, oder auch, dass alle anderen anders waren als ich. Später, als Erwachsene, habe ich bewusst darüber nachgedacht, was es wohl sei, hatte aber keine Erklärung dafür.

Ich wohne in einem Dorf, einem großen Dorf in Stadtnähe, wo aber noch jeder jeden kennt, bin dort total integriert, nehme intensiv am gemeindlichen und Vereinsleben teil, und dennoch empfand ich so, dass alle anderen, auch die sehr schlichten oder sogar dummen Menschen, etwas wissen, das ich nicht weiß. Schließlich kam ich für mich selber zu dem Schluß, dass andere wohl auch glauben, anders zu sein als die anderen.

Dass bei allen Worten – Tönen – bei allem, was ich höre, Farben mitlaufen – dabei sind –, war für mich selbstverständlich. Auch die Bilder der Worte und Buchstaben standen immer vor meinen Augen bzw. über meinen Augen, da, wo man das dritte Auge annimmt.

Ich fragte mich oft, auch jetzt noch, wie kleine Kinder, die noch nicht lesen können, also gar nicht »sehen« was sie sprechen – oder die Analphabeten – sich Worte wohl überhaupt merken können.

Auf die Idee, dass nicht alle Menschen das Gesprochene sehen oder gar farbig sehen, bin ich erst im fortgeschrittenen Alter gekommen, als ich manchmal meinen Mann (nicht musisch begabt) oder meine erwachsenen Töchter (sehr musisch begabt) nach ihrem Empfinden bei bestimmten Dingen befragt und dann große Verständnislosigkeit und Kopfschütteln geerntet habe. Auch als ich nur ahnte, dass viele andere anders wahrnehmen als ich, habe ich mich im Normbereich gesehen, zumal im ganz alltäglichen Sprachgebrauch das Vokabular mich bestätigte: Klangfarben, Klangbild, Tonsprache u. v. m. Das »Schweigen« über diese Dinge hat mir sehr zu denken gegeben, da ja doch ansonsten jedes Thema, jede Neigung und Befindlichkeit, die nicht alltäglich ist, zerpflückt und beredet wird.

Im Sommer 1994 forderte der Dirigent des Chores, in dem ich singe, uns auf: »Jetzt singt doch mal ein A – so ein richtig schönes dunkelrotes A!« Ich war total verblüfft (zufällig ist mein A auch dunkelrot), dass ich einmal ausgesprochen hörte, was für mich immer so selbstverständlich war. (Später, nachdem ich von der Existenz der Synästhesie erfahren hatte, habe ich mit ihm darüber gesprochen. Er ist auch Synästhetiker und hat zufällig fast gleiche Farbwahrnehmungen wie ich.).

Als ich im September 1994 dann eine Fernsehsendung vom Studio Kassel »Aus Wissenschaft und Forschung« über das Thema Synästhesie sah, wußte ich sofort: Das ist es! Und da wurde es mir erst bewusst, welch großes Rätsel ich so lange mit mir herumgetragen habe. Es ist wie eine Erlösung, dass ich es nun benennen und einordnen kann, und ich genieße es sehr bewusst, sehe es fast als Geschenk, dass meine Welt bunter und damit reicher ist. Mit den Nachteilen, z. B. dass ich leicht unkonzentriert werde bei sehr intensiven Gesprächen, weil eben soviel mehr bei mir »ankommt« – ich spüre auch stärker als viele andere die unausgesprochenen »atmosphärischen« Dinge –, kann ich inzwischen gut umgehen.

»Meine« Vokale haben sehr starke lebendige, pulsierende, vibrierende Farben. »Meine« Konsonanten sind in sehr fein differenzierten grauschwarzbraunen »Tönen« (auch wieder so ein Wort), haben allerdings fast alle eine sehr deutliche materielle Struktur – so wie hölzern, plüschig, metallig, leinern, kreidig etc.

»Geschriebenes« muß für mich schwarz auf weiß sein. Verschiedene bunte Buchstaben in einem Wortbild irritieren mich so sehr, dass ich das Wortbild nicht einfach erkennen kann. Ich muß nachbuchstabieren und habe dabei fast eine Übelkeit, denn es sind ja nicht »meine« Farben.

Im Großen und Ganzen nützt mir meine »Fähigkeit«: Es fällt mir sehr leicht, Sprachen zu lernen, mir Namen zu merken und Zusammenhänge. Auch konnte ich als Kind sehr schnell fließend lesen, und im Diktat war ich immer die Beste.

Außer meiner Familie und einigen »ausgesuchten« Bekannten weiß niemand von meiner Synästhesie. Zwar verblüffe ich die Leute manchmal gerne, indem ich Dinge ausspreche, bevor ich sie auf normalem Wege erfahren haben kann. Aber ich gebe dann keine Erklärungen ab, weil ich die Erfahrung gemacht habe, dass viele Menschen Dinge, die sie nicht verstehen, als Unsinn abtun, lächerlich machen oder gar in den Dreck ziehen. Und dem möchte ich mich nicht aussetzen.

Eine synästhetische Existenz

Lieselotte Wever

Wann »Es« mir bewusst wurde, vermag ich heute nicht mehr zu sagen. Da war kein Aha-Erlebnis, Urknall oder sonst etwas. Für mich war es natürlich, dass Buchstaben, Wörter und Zahlen farbig waren – jedes Wort, jede Zahl mit eigener, fest dazugehörender Farbe. Dass es anders sein könnte, kam mir überhaupt nicht in den Sinn; wenn, dann – vielleicht – bei Farbenblinden.

Als ich acht oder neun Jahre alt war, überlegte ich, ob bei anderen die Farben von Buchstaben, Wörtern und Zahlen so waren wie meine. So fragte ich verschiedene andere Kinder: »Sag mal, ist bei dir der Montag eigentlich auch grün?« Doch ich blickte nur jedes Mal in verständnislose Gesichter. Wie ich das denn meinen würde? Ich gab ein paar Beispiele. Als offenbar niemand damit etwas anfangen konnte, erklärte ich, es seien doch immer bestimmte Farben mit Wörtern verbunden. Keines der Kinder kannte dies jedoch. Für mich war diese Tatsache ziemlich ernüchternd, und ich ließ es erst mal dabei bewenden. Zwar konnte ich keine Farbvergleiche anstellen, gewann aber so die Erkenntnis, dass es normal ist, farblos zu sprechen, singen, hören, lesen, schreiben und rechnen. Die Spielkameraden gingen schnell wieder zur Tagesordnung über. Es gab kein Nachspiel derart, dass ich etwa irgendwie komisch sei. Im Gegenteil, es geriet rasch in Vergessenheit. Weitere Nachforschungen ab und an verliefen ähnlich erfolglos – in der Schule oder in den Ferien, wenn wir verreisten.

Im Alter von etwa 15 Jahren packte ich das bewusste Thema mal wieder aus und fragte ein paar Mitschülerinnen. Dieses Mal erntete ich belustigte bis befremdete Reaktionen. An einige Bemerkungen erinnere ich mich noch heute: »Aber sonst geht's gut?« – »Was sagt der Arzt, kommst Du durch?« – »Ja, ja.« Andere lachten los, ohne sich danach näher damit befassen zu wollen. Oder es gab diese vielsagenden Blicke und Gesten. Ich war etwas überfahren von der sich hier ergebenen Situation, auf die ich nicht vorbereitet gewesen war. Ich war zwar bislang gewohnt, auf Nichtbetroffene zu stoßen und konnte mich so schon auf Ungläubigkeit gefasst machen, dass ich aber als lächerlich bis seltsam angesehen wurde, war für mich etwas Neues. Im Gegensatz zu früher, wo ich höchstens enttäuscht war, hatte ich nun ein weitaus unangenehmeres Gefühl.

Während der folgenden Jahre unternahm ich eher selten Versuche, »Sinneskollegen« zu finden. Stets löste ich dabei nichts als irritierte Reaktionen aus, was mich nur frustrierte und vorläufig von intensiveren Recherchen abhielt. Ich begab mich nun in eine passive Haltung. Sollte ich einmal Äußerungen hören, die auf Synästhesie abzielten, würde ich mich als Betroffene zu erkennen geben. Denn ich war trotz allem überzeugt, dass es solche Menschen geben musste, ich nicht die Einzige war. Bestimmt würden die meisten davon ebenfalls andere Betroffene suchen. Ich fuhr also meine Antennen aus und übte mich in Geduld.

So gingen die Jahre hin. Ich hatte viele neue Menschen kennen gelernt, aber niemals mehr jemandem meine einschlägigen Fragen gestellt, auch keine entsprechenden Signale empfangen. Allmählich entwickelte sich in mir zu meiner Vorsicht und den Hemmungen bei meinen Nachforschungen auch eine Prise Wut. Was bildeten sich diese Leute eigentlich ein! Immerhin hatten wir die 70er-Jahre, in denen doch für die wildesten Ereignisse und Theorien Verständnis aufgebracht wurde. Es galt direkt als schick, unkonventionell zu sein. Wer wollte schon als phantasielos oder gar spießig dastehen? Man war ja tolerant. Und warum dann nicht beim Farbenhören, -lesen und so weiter? Warum kamen da sogar gleich Überreaktionen, Abwehr, Abtun, Lächerlichmachen?

Eine Freundin hatte einen besonders ausgeprägten Sinn für Nonsens und ungewöhnliche Dinge. Da erzählte ich ihr schließlich von meiner

Synästhesie. Bei ihr war ich sicher, selbst wenn sie das nicht glauben würde, würde sie es wenigstens nicht verurteilen. Schlimmstenfalls würde sie glauben, ich wollte ihr einen Bären aufbinden. Sie hörte gebannt zu, fragte nach den Farben einiger Wörter und Zahlen, ließ aber auch reichlich Skepsis durchblicken. Andererseits fand sie die Sache unterhaltsam. Wörter konnten Farben haben – was für eine Vorstellung! In den folgenden Tagen fragte sie mich nebenbei ab und zu nach den Farben verschiedener Begriffe.

Etwa drei Wochen nach meiner Eröffnung holte sie plötzlich einen Zettel hervor. Sie hatte sich ihre Fragen mit meinen Antworten heimlich notiert, weil sie mir nicht völlig traute. Es erschien ihr alles reichlich phantastisch, müsste sich aber doch leicht beweisen lassen. So hörte sie mich, ähnlich wie man jemandem Vokabeln abfragt, erbarmungslos ab. Kein Problem für mich, im Gegenteil. Zwar hatte ich bei ihren damaligen Nachfragen überhaupt nicht bedacht, dass sie sich Notizen machen könnte, aber es war für mich auch nebensächlich, da ich ja nichts auswendig lernen oder sonstige Tricks anwenden musste. Ich gab ihr also meine alten Antworten, wie sie bereits auf ihrem Blatt Papier standen. Es waren etwa 20 Wörter. Sie guckte verblüfft und war zuerst sprachlos. Dann erklärte sie, recht misstrauisch gewesen zu sein, aber nun glaubte sie es natürlich. Andererseits wäre ich ihr unheimlich. Das gäbe es doch eigentlich gar nicht! Sie hätte direkt ein bisschen Angst. Ausgegangen war sie sogar davon, dass ich mich dem Abfragen verweigern würde. Falls nicht, so kämen nur ein paar Zufallstreffer zustande, möglicherweise noch von mir die Bemerkung, es sei doch nur Spaß gewesen. Und nun dies! Das musste sie erst einmal verdauen. Es tat mir natürlich gut, wenigstens einen Menschen erreicht zu haben, der mir glaubte. Das war doch schon etwas, wenn ich auch nach wie vor am liebsten jemanden ausfindig machen würde, der das alles selbst kannte. Da meine Freundin nicht hierzu gehörte, sprachen wir in der Zukunft weniger hierüber.

Jahre vergingen. Inzwischen hatten wir Frühling 1995, und ich war 41 Jahre alt. Donnerstags hole ich mir immer die Zeitschrift »Stern«. Dieses Mal durchfuhr mich beim Studieren des Inhaltsverzeichnisses eine Art Stromstoß: Sollte das etwa …? Sollte es jetzt wirklich wahr werden? Ich war so aufgeregt, dass ich nur mit Mühe so schnell wie möglich die Seiten aufschlagen konnte. In meinem Kopf fuhr alles Karussell. Langsam, langsam – konnte man diesen Titel nicht auch anders verstehen? Wer weiß, worum es darin tatsächlich ging, vielleicht gleich wieder eine Enttäuschung mehr. In diesem Moment wurde es mir bewusst, wie sehr ich im Grunde die ganzen Jahre über innerlich auf dieses Thema gepolt war. Da, endlich, der Artikel: Das war es!!! Genau wie bei mir, und Wissenschaftler beschäftigten sich damit. In der Medizinischen Hochschule Hannover gibt es sogar ein Forschungsprojekt! Nun erfuhr ich auch erstmalig den Namen für das Ganze: »Synästhesie«.

Jetzt gab es für mich nur noch eines: Ran an die Schreibmaschine! Bald erhielt ich auch Antwort und eine Einladung zu einem Gespräch. Für mich war es schön, einmal richtig normal über meine Synästhesie sprechen zu können, im Bewusstsein, dass mein Gegenüber mich ernst nahm. Dabei gab es Momente, in denen ich »neben mir stand«, mich über die Farben reden hörte, dachte: »Was tue ich?« – »Muss das nicht wirklich für Nichtbetroffene grotesk klingen?« Ich äußerte dann auch meinen dringenden Wunsch, die anderen Synästhetiker kennen zu lernen.

Als Nächstes kaufte ich mir das Buch »Farben hören, Töne schmecken« von Richard E. Cytowic. Es war nun an mir zu staunen, welche Formen der Synästhesie es außerdem gibt. Bei meinen synästhetischen Empfindungen handelt es sich um die mit Abstand häufigste Form. Ich muss auch sagen, dass ich mit meiner Version vollauf zufrieden bin. Ich stelle es mir nicht immer so angenehm vor, bei bestimmter Musik dazugeordneten Geschmack oder Geruch zu empfinden. Wie bei meinen Farben würde dieser nicht unbedingt passend oder angenehm sein, dazu ist Geruch bzw. Geschmack ein besonders intensiver Sinnesreiz. Und die Vorstellung, beim Essen und Trinken umgekehrt Farbeindrücke zu erleben, wie es auch möglich sein kann, finde ich ebenso fremd. Dabei ist mir klar, dass ich jetzt ähnlich unverständig reagiere wie so viele Menschen damals bei mir. Als Synästhetikerin kann ich mir allerdings solche Phänomene in der Theorie besser vorstellen.

Eines Tages wurde ich zur Präsentation eines Films zum Thema »Synästhesie« eingeladen. Klar, dass mich nicht allein der Film interessierte. Endlich würde ich auf andere Synästhetiker stoßen! Im Kinosaal fiel mir in meiner unmittelbaren Umgebung niemand auf. Aber ein paar Reihen hinter mir vernahm ich hochinteressante Satzfetzen: »Ach, und bei Ihnen ist das blau? Bei mir ist das gelb. Und wie ist es mit.?« Ich drehte mich um, erblickte zwei Damen in angeregtem Gespräch und beschloss, sie im Auge zu behalten.

Gleich würde der Film beginnen. Er war einfach hervorragend. Obwohl seine Produzenten keine Synästhetiker sind, hatten sie sich bestens in diese Empfindungen hineinversetzt und die verschiedenen Formen der Synästhesie ausgezeichnet herausgearbeitet und dargestellt. Oft dachte ich: »Genau, genauso ist es.« – »Wie bei mir!« Es wurden Synästhetiker mit ihren persönlichen Formen und Geschichten vorgestellt. Den Studenten war es bestens gelungen, die Erscheinung der Phänomene umzusetzen. Für Nicht-Synästhetiker muss das sehr schwierig sein. Hier hatte ich das gute Gefühl, dass es den Nerv traf und jedem einen anschaulichen Eindruck vermitteln konnte.

Nach dem Film bewegte ich mich dann auf die zwei besagten Damen zu. Bald befanden wir uns tief in einer Unterhaltung und tauschten unsere Adressen und Telefonnummern aus. Anschließend ging von uns, wer noch Zeit und Lust hatte, mit den Studenten zu einem kleinen Beisammensein in ein Lokal. Alle lobten den Film. Es ergab sich, dass ich selbst einen Platz neben Nicht-Synästhetikern erwischte, zum Beispiel den Eltern eines der Studenten. Aber das Gespräch mit ihnen war dennoch für mich interessant, denn sie waren informiert, sahen das alles zwar als ziemlich exotisch an, gingen aber locker und neugierig damit um. Wie später noch andere, wollten auch sie wissen, ob mich die Farben denn nicht stören würden. Das trifft nicht zu. Zum einen kenne ich es nicht anders – würde ich mir die Farbeindrücke wegdenken, wäre ein Gefühl der Unvollständigkeit da –, andererseits ist es so, dass, wenn ich mich sehr auf etwas konzentriere, die Farben zurücktreten, blasser sind, regelrecht verdrängt. Der Abend war für mich ein ganz besonderes Erlebnis, an das ich danach immer wieder denken musste.

Bald erhielt ich eine Liste mit den bereits bekannten und mit einer Adressenveröffentlichung einverstandenen Synästhetikern. Ich schrieb einen Brief zwecks persönlicher Vorstellung und Kontaktaufnahme, den ich an alle Aufgelisteten verschickte. Von etwa der Hälfte kamen Rückmeldungen mit den verschiedensten Geschichten. Ich fand es herrlich und aufregend!

Am Nikolaustag 1997 fand dann unser erstes großes Treffen in einem hannoverschen Lokal statt, zu dem die meisten von uns kamen. Ich konnte es kaum erwarten. Nun würde ich auch meine Briefbekanntschaften persönlich kennen lernen. Bislang hatte ich aus meinem Briefwechsel erfahren, dass jeder seine individuellen Farben hat, und es gab auch ein paar wenige mit Geschmackseindrücken oder Gefühlssynästhesie. Nicht alle, aber doch die Mehrheit kennen die leider nicht nur verblüfften, sondern oft auch ablehnenden oder befremdeten Reaktionen der Umwelt; manchen wurde auch ein Arztbesuch empfohlen. Es verlief so, wie ich es mir immer gewünscht hatte: Wir unterhielten uns ausgiebigst über unsere speziellen Eindrücke und die damit verbundenen Erlebnisse. Bei so angeregten Gesprächen wird es schon mal lauter, und wir mussten auf einmal lachen bei der Vorstellung, dass an den Nachbartischen unsere Unterhaltung aufgeschnappt würde. Ohne jede Dramatik, ganz normal, unterhielt sich da eine Gruppe Damen verschiedenen Alters über Farben gewisser Zahlen, Geräusche von verschiedenen Farben oder Geschmacksempfindungen bei Musik von Klassik bis Pop.

Uns fiel auf, dass wir von vornherein auf einer Wellenlänge lagen. Es war zwar unser erstes Treffen, aber im Gegensatz zum Kennenlernen unter anderen Voraussetzungen stellte sich rasch eine Vertrautheit ein, wie sie sonst erst nach viel längerer Zeit, wenn überhaupt, eintritt. Wie eine Teilnehmerin später sagte, war es wie in einer großen Familie, und zwar als deren Idealvorstellung, denn so harmonisch ginge es sicher in den wenigsten Familien zu.

Für mich gab es nie Zweifel. Ich habe mich deshalb auch nie für anormal gehalten. Ganz einfach: Die Farben sind da, völlig außer Frage. Mal stärker, mal weniger, aber eine Sinnestäuschung ist ausgeschlossen. Meine Farben sind meistens in kräftigeren Pastelltönen, am häufigsten in

Rot, Grün, Gelb und Blau, ferner in Braun, Violett, Weiß oder Grau. Oft ist ein Begriff nicht nur einfarbig, sondern setzt sich aus zwei oder sogar drei Farben zusammen. Das kann leicht marmoriert aussehen, halb und halb, unregelmäßig streifig oder scheckig. Manchmal erscheinen auch Kleckse oder Tupfer, was dann tatsächlich schon mal an Himbeergrütze mit Schlagsahne erinnert. Nein, nicht Vanillesoße oder Milch, es sieht wirklich voluminös wie Schlagsahne aus. Alles das ist nicht greifbar, und es wirkt auch nicht im Kopfinneren, sondern außen, sozusagen »in der Luft«. Ich sehe es wie überdimensionale, leicht geschwungene Geschenkbänder, welche aber in relativ kurze Stücke geschnitten sind, oder aber als quer liegende, ovale Flächen mit ungleichmäßigem Rand. Die Entfernung dieser Objekte beträgt etwa 3-5m, sie differiert leicht. Und alles ist eher oben, das heißt oberhalb der Nasenspitze, Luftlinie mehr oder weniger diagonal. Beim Bücken zieht das Bild mit, ebenso auch beim Kopfneigen während des Lesens oder Schreibens. Auch habe ich nie das Empfinden, das, was ich hier sichtbar wahrnehme, greifen zu können. Und das liegt nicht an der Entfernung. Sondern es ist für mich völlig klar, dass das, was ich da sehe, körperlos ist.

Die Stärke dieser Eindrücke ist auch nicht immer gleich. Bin ich ausgeruht, entspannt und weniger auf Textinhalte konzentriert, sehe ich die Farben viel intensiver. Bin ich konzentriert, unter Zeitdruck oder in unruhiger Umgebung, verblassen sie und treten zurück. Konzentriere ich mich dagegen direkt auf die Begriffe und deren Farbwirkungen, sehe ich die Farben, Muster und Strukturen besonders deutlich. Ja, das muss ich jetzt auch noch beschreiben: Mit Farben und Mustern (Marmorierung, Flecken usw.) ist es nicht getan. Diese Flächen sind, obwohl körperlos wirkend, stets von einer bestimmten Struktur. Zwar sehen sie oft schon so aus, wie es von körperlosen Objekten zu erwarten ist, nämlich wolkig-weich, ätherisch-gasig, transparent, glasig, aber genug andere Begriffe wirken durchaus kompakt, fest und hart, schwer; andere wie Stoffgewebe, sandpapierartig, metallisch, wie ein kleines Mosaik, pastös, breiig, sahnig, matt oder glänzend.

Jedes Wort, jede Zahl hat bei mir einen eigenen, immer gleichen Farb-und Struktureindruck. Während ich die einzelnen Begriffe mit ihren optischen Eindrücken sofort problemlos wahrnehme, geht es umgekehrt nicht so einfach. Sollte ich jetzt ganz schnell 10 oder 20 grüne Wörter nennen, kann ich das. Allerdings denke ich dann immer zuerst an Wörter, und sortiere dann nach deren Farben die grünen aus. Es funktioniert bei mir nur auf diese Weise, ist also eine Art Einbahnstraße. Hilfreich wäre mir dann noch die Tatsache, dass oft die Farbeindrücke an die Anfangsbuchstaben gekoppelt sind. Viele Wörter, die mit T oder mit G beginnen, sind bei mir grün. Das kann also die Aktion beschleunigen. Es ist ja auch nicht so, dass ich, wenn ich auf eine rote Fläche blicke, einen Elefanten oder ein Markstück sehe, auch wenn diese Wörter zu meinen roten zählen. Oder wenn ich über eine grüne Wiese gehe, sehe ich keinen Turm, der nicht dasteht, obwohl dieses Wort grün ist. Gras ist zwar zufällig auch als Wort bei mir grün, aber ich sehe dabei dann doch das vorhandene Gras und dieses auch nicht grüner als etwaigen Verdoppelungseffekt. Diese Eindrücke sind bei mir ganz klar getrennt, ohne dass ich das mühevoll auseinanderhalten müsste. Oder auch die Wörter »Golf« und »Golfplatz«, die beide vorrangig grün sind (»Golfplatz« hat einen gelblichen Nebenfarbton durch das an sich gelbe Wort »Platz«). Beim Gehen über eine natürlich grüne Wiese bleibt diese eine grüne Wiese, wird nicht zu einem Golfplatz. Und das Wort »Wiese« selbst ist übrigens blau. Das Wort »Rasen« ist wiederum von roter Farbe. Beim Gehen über einen solchen ist dieser selbstverständlich grün. Außerdem: Es gibt ja viel mehr Begriffe als Farben, auch wenn diese in vielen Abstufungen und Mischungen existieren. Was wäre das für ein Kuddelmuddel, wenn alle möglichen farblichen Wörter und Zahlen sich auf dem Rasen herumtummelten!

Eben erwähnte ich ja schon, dass Buchstaben die Farben der Wörter beeinflussen. Auch hier gibt es natürlich immer noch Ausnahmen. Dies dürfte auch der Grund sein, weshalb Muster und Kleckse entstehen können. Während also Elefant ein schönes erdbeerrotes Wort ist – das Erdbeerrot ist dabei gedämpft wie bei konservierten Erdbeeren – und von einheitlicher, weich und glatt wirkender Struktur, sehen andere Wörter weit wilder aus. Rhinozeros ist ein besonders deutliches Beispiel. Vielleicht liegt es am etwas zerrissen-ge-hackten Klang des Wortes – so etwas kann ich nur vermuten, das Aussehen ist so, wie es nun einmal ist. Jedenfalls fällt dieses Wort bei allen meinen Wortbildern aus dem Rahmen. Es ist wie ein unregelmäßiger Mosaikausschnitt mit vielen mehr oder weniger kleinen Vielecken in lila, grau, etwas beige-gelb, alles wirkt sehr bewegt, dynamisch, wie kurz vor einer Explosion. Ich mag dieses Bild, auch wenn es gar nicht wie ein Rhinozeros aussieht.

Sonst ist das Farberleben aber weit weniger dramatisch, oft sogar eher ausgesprochen sanft. Nehmen wir mal das Wort »Einfallsreichtum«, ein sehr rotes Wort, welches mehrere weiße Tupfer enthält, so aussieht wie die bereits schon genannte Himbeergrütze. Das i an sich ist ein grellweißer Buchstabe, was erklären könnte, dass dieser Buchstabe oder Kombinationen damit wie »ei« Tupfen oder manchmal auch Flecken beziehungsweise Punkte aufsetzen. »Einfallsreichtum« ist für mich ein schönes Wort, es sieht richtig lecker aus, obwohl doch das eine mit dem anderen nichts zu tun hat, es sei denn, man würde jetzt den Faden weiter zu kreativen Köchen spinnen. Nun, damit möchte ich sagen, dass die Farbbilder nicht zu den Wörtern »passen« müssen, wenn, dann ist das Zufall. »Rasen« war ja auch rot, »Gras« nur zufällig grün. Und Blau, welches meine Lieblingsfarbe ist, könnte für meinen Geschmack viel öfter vorkommen. Ärgern kann ich mich sogar, wenn Lieblingszahlen, -wörter oder -namen hässliche oder nichtssagende Farben haben oder wiederum etwas Ungeliebtes synästhetisch viel zu schön ist. Das kann ich mir so wenig aussuchen wie bei den realen Dingen oder eher weniger, denn bei Kleidung hätte ich ja eine Wahl: »Schuh« ist ein gelbes Wort, aber ich habe noch keine gelben Schuhe besessen.

Zusammengesetzte Wörter sind oft entsprechend zwei- oder mehrfarbig. Ich erinnere hier an den »Golfplatz«. »Platz« ist ein sehr gelbes Wort durch das P und das oft sehr stark einfärbende A. Dass L und T grün sind und das Z violett, fällt hier überhaupt nicht ins Gewicht. Keine Ahnung, warum das so ist, es ist ebenso und ich kann nur versuchen, Offensichtliches zu erklären, wenn ich da einen Zusammenhang sehe. Manches bleibt aber unklar oder scheinbar unlogisch. Letztendlich kann ich hier nur das glauben oder wissen, was ich im einzelnen Fall sehe. Noch ein paar Beispiele: »Teelöffel« – grün (»Tee« grün, »Löffel«

grün), »Lippenstift« – grün-gelb (»Lippe« grün, »Stift« gelb), »Bücherkatalog« – blau-rot (»Bücher/Buch« blau, »Katalog« rot), »Osterei« – weiß (»Ostern« weiß, »Ei« rotweiß), aber »Autobahn« – gelb (»Auto« gelb, »Bahn« blau).

Nicht nur Substantive haben Farben, sondern natürlich alle Wörter: »also« ist gelb, »aber« auch, aber etwas dunkler, kräftiger und schwerer, »bei« ist hellblau, »warum« mittelblau, »kein« rot und – ja – mit einem winzigen weißen Punkt. Wochentage und Monate haben ihre ganz eigenen Farben, das heißt, sie sind überhaupt nicht von Anfangsbuchstaben oder anderen im Wort vorkommenden dominanten Buchstaben beeinflusst. Also: grüner Montag, gelber Dienstag, grüner Mittwoch, blauer Donnerstag, gelber Freitag, gelber Samstag, gelber Sonntag. Das viele Gelb hierbei ist aber nicht so langweilig, da diese Gelbtöne unterschiedlich sind, der Sonntag ist z. B. fast schon weiß.

Bei den Zahlen ist es so, dass die einzelnen Ziffern ihre jeweilige Farbe haben, wie 3 rot, 8 blau, 9 braun, 0 weiß. Bei den Zehnern dann mischt es sich entsprechend: 83 ist blau mit rot, 27 grün mit gelb, 22 grün. Die Hunderter sind sehr stark durch die erste Ziffer betont: 833 ist sehr blau mit etwas rot, 800 ist hellblau und leicht, 278 sehr grün mit etwas gelb, um sie blau zu sehen, muss man die 8 schon direkt fixieren, beim Sprechen geht ihr Blau völlig unter. Bei noch größeren Zahlen werden die Farbeindrücke immer breiiger, formloser und einheitlicher; wenn es um Millionen geht, ist alles sehr gedämpft rot, bei Milliarden etwas frischer rot, Billionen wirken bläulich, Trillionen grünlich, es ist dann doch wieder mehr so wie bei Wörtern. Und wie gesagt haben die Buchstaben auch ihre speziellen Farben, wobei es für mich keine Rolle spielt ob groß oder klein geschrieben, außer dass Großbuchstaben etwas farbintensiver sind.

In abgeschwächter Form haben Musikinstrumente und einige wenige Tierstimmen ebenfalls »ihre« Farben. Orgelmusik erklingt für mich in einem weichen, warmen Rot, Klavier in einem etwas matteren, dunkleren Rot, Blasinstrumente wie Trompete, Posaune, Horn hören sich sehr gelb an – was aber nicht an deren goldener Farbe liegt –, Flötentöne sind weiß. Die Musik selbst – leider, leider – ruft bei mir keine zusätzlichen Effekte hervor. Goldene kuschelige Bälle, die aus Lautsprechern hopsen, würde ich zu gerne sehen, aber so etwas kann ich mir – wie die meisten Menschen – nur als ein willkürlich vorgestelltes Phantasiebild in den Kopf holen. Mit synästhetischem »echten« Erleben ist das nicht vergleichbar. Ich kann mir mit diesem »Gewaltbild« nur etwa vorstellen, wie es sein könnte. Und hier habe ich das Gefühl, dass ich etwas verpasse. Da beneide ich doch ein bisschen Synästhetiker, die von solchen Eindrücken erzählen können. Aber ich bin nicht besonders musikalisch, was – vielleicht – eine Erklärung sein könnte. Aber wie auch immer, ich finde meine eigenen Eindrücke schön.

Um noch auf die Tierstimmen zurückzukommen: Hier kann ich nur wenig anbieten, so schwach ist es. Hundegebell kann weiß sein, wenn es von kleinen, oft schrill kläffenden Hunden stammt, während tieferes Bellen – wie zum Beispiel von Bernhardinern oder Schäferhunden – rot ist. Vogelstimmen sind im Allgemeinen weiß bis gelb. Abgesehen davon, dass nur wenige Tiere hier überhaupt eine Rolle spielen, sind auch die vorhandenen Eindrücke ziemlich diffus. Dennoch: Ich liebe Tiere, daran liegt es also nicht. Wie auch sonst so oft, lassen sich die Sinnesgemeinsamkeiten nicht unbedingt logisch erklären. Es ist wie es ist, und dazu bei jedem von uns anders.

Synästhesie ist nicht nur schön oder ein bisschen »Extra-Luxus« im Gehirn ohne konkreten Nutzen. Wenn man durch diese seltene Eigenschaft zwar auch nicht materielle Reichtümer erwerben kann (oder bin ich nur noch nicht darauf gekommen?), so ist sie durchaus praktisch im Alltag, nämlich als Merkhilfe. Telefonnummern sind so ein Fall, aber auch Namen oder Adressen. Das klappt nicht immer und narrensicher, nein, aber es ist schon eine gewisse Hilfe. Mein Zahlengedächtnis ist nicht so gut, bei Telefonnummern schleichen sich beim bloßen Merken gewisser Ziffernkombinationen Verdreher ein. Merke ich mir ein Farbmuster, bringt das regelrecht Ordnung hinein. Dumm ist es aber bei Ziffern mit denselben Farben. Es hilft mir dann auch nicht, zu erweitern auf Anfangsbuchstabenfarben der ausgeschriebenen Ziffern. Das klappt nicht mehr, weil es dann konstruiert und nicht mehr echt ist. Aber bei weniger »unglücklichen« Nummern geht es eben doch ganz gut.

Oder Namen: Mein Namensgedächtnis wiederum ist sehr gut, wobei ich tatsächlich selbst nicht sagen kann, ob es generell gut ist – was ich aber schon vermute aufgrund anderer Ereignisse – oder ob es durch die Synästhesie unterstützt ist – was aber mit hereinspielen wird. Hilfreich ist hier ein anderer Effekt als bei Zahlen. Ist mir ein Name entfallen, kann ich Namen von vornherein ausschließen, wenn ich mich erinnere, welche Farbe dieser Name hat. Rote Namen scheiden von vornherein aus, wenn ich mich erinnere, dass es sich um einen grünen handelt. Im Berufsleben kann ich allerdings so nicht argumentieren. Das habe ich auch fast schon automatisch verinnerlicht. Ich erinnere mich dennoch gut an eine Situation, wo »es« beinahe passiert wäre: Eine Kollegin und ich suchten eine Akte, für die wir den Namen des Kunden brauchten. Sie nannte einen eventuell in Frage kommenden, einen roten, und fast wäre mir herausgerutscht: »Nein, ich weiß genau, dass es ein grüner Name war.« Gerade konnte ich mich noch bremsen. Außerdem handelte es sich gerade bei dieser Kollegin um einen recht nüchternen Menschen, sodass meine Bemerkung nur zusätzliche und vor allem merkwürdige Verwirrung gestiftet hätte. Ich ging im Geiste bekannte grüne Kundennamen durch, versuchte, mich grün zu erinnern, und irgendwann fiel mir dann tatsächlich der Name ein. Mein Geheimnis behielt ich natürlich für mich, es endete ganz unspektakulär mit dem nun sofort möglichen Aktenzugriff, wie es überall in Büros immer wieder geschieht.

Allerdings muss ich zugeben, dass trotz meines Spezialtalents Erfolge durchaus nicht immer verlässlich zu erwarten sind. Entsprechende Verknüpfungen klappen nicht immer oder sind zu unbestimmbar oder zu vielfältig. Auch muss ich anmerken, dass Synästhesie manchmal hinderlich sein kann, wenn Farben – wie bereits erwähnt – nicht »passen«. Dann sträubt sich das Gedächtnis regelrecht, sich etwas zu merken. Oder es führt gar auf eine falsche Spur.

Wichtig ist mir noch zu erwähnen, dass Synästhesie nichts mit Esoterik zu tun hat. Es ist zweifellos eine hirnorganische Beschaffenheit.

Farbensehen, ein Teil meines Lebens

Marg MB

Ich war eine leichte Geburt. Meine Mutter war das Brot, mein Vater der Wein meines Lebens. So fehlte es mir an nichts. In der Geschwisterreihe steht vor mir ein Bruder und nach mir kommen 4 Brüder und 4 Schwestern. Jedes Geschwister ist heute noch ein Land, in dem ich ein Haus habe.

Ich war ein sehr scheues, zurückhaltendes Kind. Von meinen Anfängen an aber liefen in mir Instinkte-Gefühle-Gedanken und Erlebnisse ab, die jeweils mit Farben in tausendfachen Nuancen verbunden waren. Vor allem Sprache und Töne waren farbig, aber auch das Schmecken sowie Schmerz und Lust. Die Farbe war der gemeinsame Nenner aller meiner Sinne und sie ist es noch jetzt unverändert. Sie ist neben Raum und Zeit eine weitere Dimension, in der ich lebe. So brauchte ich nicht viel äußeres Erleben, um zufrieden und glücklich zu sein. Wenn die Farben, Gedanken und Träume überhandnahmen, beschäftigte ich mich im Garten oder lief durch die Natur und fand so wieder mein Gleichgewicht.

Unsere Familie erlebte das Dritte Reich und den Krieg im Widerstand und wie auf einer Insel. Ab Ende 1945 besuchte ich das Gymnasium. Im Frühjahr 1952 machte ich Abitur. Es lag an den Zeitläufen, dass man in 6½ Jahren 9 Klassen machen konnte, aber ganz dumm durfte man nicht sein.

Im Rechenunterricht wurde mir zuerst deutlich, dass ich mit meinem Farbsinn arbeiten konnte. So musste ich als Schülerin einmal von einer

Mathematik-Klassenarbeit aufstehen und gehen, bevor diese beendet war. Unterlagen durfte ich nicht die geringsten mitnehmen. Da merkte ich mir einfach alle Zahlen in ihren Farben. (Die Farbe ist immer primär da). Ich weiß heute noch, dass es viele hell- und dunkelgrüne Farben waren, also 3 und 5 und einige rote = 4, auch gelbliche und wasserhelle = 1 und 2. Als ich am nächsten Morgen die Arbeit fertig schreiben durfte, bekam ich natürlich die höchste Punktzahl. Ähnlich erging es mir im Deutschunterricht; während mir Grammatik ein Greuel war, faszinierte mich jedes Stückchen Literatur, Prosa und Lyrik gleichermaßen.

In der monatelangen unterrichtslosen Zeit am Ende des Krieges hatte ich die Bibliothek meines Vaters so ziemlich ausgelesen. Ich war damals zwischen 10 und 12 Jahre alt. Vor allem hatten es mir Goethe und Schiller angetan, aber auch Hölderlin, Nietzsche, Stifter und Mörike und viele andere. Jeder Dichter hatte seine eigenen Farben und Rhythmen und Bewegungen. Besonders faszinierten mich Goethes *Wahlverwandtschaften.* Den wunderbaren Aufbau versuchte ich graphisch darzustellen. Als mir dann etwas später, im Alter von 13 Jahren eigene Verse einfielen, z. B.

Abschiedsgedicht für eine erste Liebe

»... Was für den Tag wir gebaut:
Dunkel löscht fallenden Laut
Und im versinkenden Licht bleibt nur
Des andern Gesicht.« –

da traute ich mir selbst nicht, meinte die Zeilen gelesen zu haben, las den an-zen Goethe noch einmal, d. h. seine Lyrik, fand nichts: also musste es doch wohl von mir stammen. Die Zeile: »Dunkel löscht fallenden Laut« besteht aus synästhetischem Gedankenmaterial.

Dass ich an der mir zugehörigen Begabung zweifelte, lag wohl auch daran, dass unsere Erziehung darauf achtete, sich nicht zu ernst zu nehmen oder gar zu überheben und sich etwas vorzumachen. Sie war leistungsorientiert, fromm, und wir wurden zu einem absoluten Wahrheitsanspruch geführt. Das Wort Lüge durfte in unserer Familie nicht ausgesprochen werden. So versuchte ich – und auch meine Geschwister – den Dingen auf den Grund zu gehen und sich selbst und anderen gegenüber kritisch zu sein und ehrlich. Das gilt bis heute.

Bis zur Pubertät lebte ich in der Meinung, das »Farbensehen« gehöre zur Normalität eines jeden Menschen. Mit Erschrecken und Komplexen reagierte ich darauf, dass, als ich davon sprach, meine Umwelt mich als schizothym bezeichnete. Nur eine Deutschlehrerin sagte mir, dass es das, selten genug, gäbe. Mit ihr, einer dem Naziterror entronnenen Halbjüdin, verband mich eine solche Vertrautheit, dass ich die lyrischen oder philosophischen Texte, die wir durcharbeiteten, schon jeweils 1–2 Tage vorher las. Es gab wohl eine Art Gedankenübertragung zwischen uns.

Die Meinung meiner Umwelt über meine »Hirngespinste« machte mich verschlossen und einsam. Ein Vers aus der damaligen Zeit drückt das aus: »Ach der Schnee tut so weh und der Weg, den ich geh, ist so weit – warum gabst du mir das Kleid Einsamkeit? Nimm es mir fort! Bitte, lass mich nicht so allein – nicht so entsetzlich allein!«

Nach dem Abitur arbeitete ich als Praktikantin etwa ein Jahr in einer Klinik in der Schweiz, da ich anschließend Medizin studieren wollte. Germanistik wollte ich nicht zum Beruf machen, da ich sowohl in der Beurteilung meiner Umgebung als auch in der ständigen Beschäftigung mit Wörtern – Farben, Tönen und auch Bildern – eine psychische Gefahr für mich sah. Dort in der Schweiz kam eine weitere, mich noch mehr erschreckende Begabung zum Tragen. Ich erlebte, dass ich den Tod der Patienten voraussehen konnte oder musste. Ein Beispiel: Ein Herr X kommt zur Blinddarmoperation. Ich begrüße ihn und sehe erschreckt zugleich seinen Tod. Herr X wird operiert, gesundet, der Tag der Entlassung kommt. Seine Frau holt ihn ab und ich bin glücklich, dass die Todesahnung nur ein Hirngespinst von mir war. Herr X verabschiedet sich, nimmt seinen Koffer, geht zur Tür – und fällt tot um.

Oder eines Morgens empfinde ich einen – wie elektrischen – Schlag in meinem Bewusstsein und sage laut vor mich hin: »Opa ist tot.« Nach einigen Stunden kommt ein Telegramm aus Deutschland. Es beinhaltet, dass mein Großvater gestorben ist.

Im Laufe der Jahre habe ich mit diesem Phänomen leben gelernt. Aber manchmal schaue ich einen Menschen nicht sehr genau an, aus Furcht, seinen Tod sehen zu müssen. Oft aber kommt mir das Wissen, wenn ich es verdränge, in Träumen zurück. So vor dem Tod meines Vaters und meines Sohnes.

Etwas später fand ich auch Literatur über Synästhesie. Darin wurde beschrieben, dass ein Synästhetiker entweder verrückt oder ein Genie sei. Beides traf auf mich nicht zu und so lebte ich mit meinen Farben ganz zufrieden.

Nach dem Schweizer Aufenthalt begann ich, Medizin zu studieren. Bald lernte ich meinen späteren Ehemann, einen Theologen, kennen und beschloss, die Medizin aufzugeben und noch Pädagogik zu studieren, da sie im Pfarrhaus gefragter und sinnvoller war. Dazu machte ich die Fakultas für den Religionsunterricht. Meine Arbeit zum ersten Examen hatte den Titel: *Synästhesien bei Buchstaben*. Sie wurde gut bewertet, aber eigentlich konnten die Prüfer kaum etwas damit anfangen, obgleich ich bei Tests mit Kindern herausgefunden hatte, dass ein großer Prozentsatz von ihnen übereinstimmende Sinneswahrnehmungen bei Buchstaben (vor allem Vokalen) hatte.

Es kamen nun Jahre, in denen die Ehe, drei Kinder und Mitarbeit in der Gemeinde mich forderten. Das Farbensehen begleitet mich treu und blieb wichtig für mich. Während der Schwangerschaften war es besonders stark. Es hüllte mich ein wie eine Schutzhaut.

Aber nun zum heutigen Stand der Dinge: Durch eine Fernsehsendung von V. Lange wurde endlich eine positive wissenschaftliche Sicht der Synästhesie ins öffentliche Blickfeld gerückt. Ich konnte mit Herrn Prof. Dr. Emrich von der Medizinischen Hochschule Hannover Kontakt aufnehmen und vertiefte mich in die Problematik.

Aus dem in über 60 Jahren beobachteten und gesammelten Wissen meines synästhetisch arbeitenden Gehirns habe ich einige Schlüsse gezogen, die ich gleichzeitig als Fragen an die Wissenschaft weitergeben möchte.

a. Es ist fast sicher, dass die Synästhesie im limbischen System des Gehirns beheimatet ist, das normalerweise vom Cortex dominiert bzw.

domestiziert wird. Entwicklungsgeschichtlich ist das limbische System zum ersten Mal bei den Reptilien nachweisbar. Könnte das alte Symbol der Schlange als Tier der Weisheit, der Verführung und der Heilkunst damit zusammenhängen, und woher kommt in der Überlieferung von Mythen und Menschheitsgeschichte dieses Wissen? Auch die Seraphine, Engelwesen, eine Mischform von Mensch und Tier = Schlange mit 6 Flügeln würden in diese Symbolik passen, erscheinen sie doch als Übermittler »übernatürlicher« Erkenntnisse und Wahrheiten.

b. Eine seltsame und erschreckende Erfahrung war mir, dass aus extremsten Bereichen entstehende Gefühle sich in ihrer höchsten Intensität als Farbe gleich sind, z. B. schmecke ich Salziges grün bis blau, Süßes orange bis rötlich. Pures Salz und reiner Zucker fangen wohl blau und rot zu schmecken an, schmecken in ihrer jeweils höchsten Intensität aber beide weiß. Das Gleiche Phänomen tritt bei Schmerz und Lust auf, sowohl ein Orgasmus endet nach vielen Gold- und Rottönen bei Weiß, aber auch die Schmerzen einer Geburt steigern sich aus blauen und gelben Schmerzfarben bis zu Weiß hin; das Gleiche gilt für mit Sadismus zusammenhängenden Lüsten und Schmerzen.

Dieses aus allen möglichen Farbwerten sich entwickelnde Weiß steht am Ende einer rasenden Bewegung (Fliegen in eine Richtung). Es ist die Grenze meines Bewusstseins schlechthin. In einer Darstellung des Spektrums von Röntgenstrahlen fand ich eine genauere Entsprechung obiger Farberlebnisse.

Vielleicht lässt sich das Phänomen entwicklungsgeschichtlich betrachten. Soweit der Mensch ein höchst entwickeltes Tier ist, gehört er in allen Bereichen der Natur und ihren Gesetzen an. Ein Tier kennt keine moralische Qualität. Ob es zeugt, frisst oder tötet, lebt oder stirbt, ist es vollkommen Tier und bei sich. Soweit der Mensch Geschöpf, Kreatur ist, verhält er sich analog zum Tier. Erst mit der Fähigkeit, den Mitmenschen wahrzunehmen als ein Wesen, das Schmerzen oder Lust haben kann, je nachdem ich mich zu ihm quälend oder liebend verhalte, wird aus einer hoch entwickelten Kreatur ein moralisch handeln könnender Mensch. Die bewusste Menschwerdung geschieht und geschah also im Augenblick der Wahrnehmung der Person des Nächsten, damit aber auch gleichzeitig in der Emanzipation gegen das Einssein mit der Schöpfung und dem Schöpfer und gleichzeitig mit der Entstehung des Gewissens, also der Religion: »Es ist dir gesagt, Mensch, was gut ist und was der Herr von dir fordert, nämlich Gott lieben und deinen Nächsten wie dich selbst.« (Bibel)

Wenn dem so ist, sind die Religion und die Erziehung im Sinne der Wahrnehmung des Nächsten die wesentlichsten und vornehmsten Grundlagen menschlicher Kultur überhaupt und ein Relativieren derselben bringt uns auf den Stand von teuflischen, weil wissen könnenden Kreaturen, wie es in Kriegen, im Blutrausch und bei Sexualmorden deutlich sichtbar wird.

Obiges sind keine neuen Gedanken, aber hier könnten Philosophie und Ethik durch einen exakten Nachweis von Vorgängen im Gehirn wissenschaftlich abgesichert werden. Ich denke, das wird in einiger Zukunft möglich sein. Der Philosoph Emmanuel Levinas unterscheidet z. B. »den Menschen« und den »wirklichen Menschen«. Ich zitiere: »Alle, die das göttliche Gesetz anerkennen, alle Menschen, die wirklich Menschen sind, tragen füreinander Verantwortung!«

c. Synästhesien drängen zur Sprache; Töne werden zu Bildern und Farben, diese wieder zu Wörtern und Versen. Wenn ich Musik höre, sind alle Töne farbig. Es gibt Tausende Nuancen, verschieden nach Tönen, Lautstärke usw. Die Musikstücke laufen in wunderbaren Bildern durch mein Bewusstsein, sind aber kaum festzuhalten. Konzerte sind anstrengend, Orgelmusik kann mich schwindlig machen. Dieser Synästhesiebereich ist wohl der bekannteste. Hier wurde bis jetzt am meisten geforscht und große Musiker bis zu Messiaen haben mit dem Phänomen gearbeitet.

Den Weg, durch die Synästhesie zur Sprache zu finden, haben bereits Plato und Kratylos in einem »ironischen« Gespräch versucht. Sehr ernsthaft haben sich Jakob Grimm, Schlegel und vor allem Herder damit befasst. Zitat von Jakob Grimm aus *Über den Ursprung der*

Sprache: »Alle Verbalwurzeln, deren Anzahl im ersten Sprachzeitraum beim Beginn nicht über einige Hundert hinausgereicht zu haben braucht – enthalten sinnliche Vorstellung. Es ist ein folgenschwerer Satz, dass Licht und Schall aus denselben Wurzeln fließen.«

Zitat aus Herders *Abhandlung über den Ursprung der Sprache:* »Wie hat der Mensch, seinen Kräften überlassen, sich noch eine Sprache, wo ihm kein Ton vortönte, erfinden können? Wie hängt Gesicht und Gehör, Farbe und Wort, Duft und Ton zusammen? Nicht unter sich in den Gegenständen, aber was sind diese Eigenschaften in den Gegenständen? Sie sind bloß sinnliche Empfindungen in uns und als solche fließen sie nicht alle in Eins? Wir sind ein denkendes senso-rium commune, nur von verschiedenen Seiten berührt – da liegt die Erklärung.«

Ich denke, dass auch Dichtung dort entstehen kann, wo eine Farbe, ein Klang das »sensorium commune« berührt und zum Schwingen bringt. Dazu ein Beispiel: etwa 1½ Jahre nach dem Tod unseres Sohnes besuchte ich eine Galerie. Ich erlebte mich in einer verzweifelten Traurigkeit. Es war Ostern. In der Ausstellung nun fiel mein Blick auf zwei große schmale Bilder eines Japaners. Die eine Leinwand war schwarz samtig bemalt, die zweite mit einem stumpfen Grau. In einem weiteren Raum fiel mir das weiße Gemälde eines italienischen Künstlers auf. Er hatte an einigen Stellen das weiche Weiß mit Perlmutt ausgeschmückt. Plötzlich spürte ich, dass mein Gehirn äußerst aktiv wurde. Beinahe wie im Traum schrieb ich auf den Rand einer Zeitung Verse: Es ging alles rasend schnell. Ich nannte sie »Meine Farben der Trauer«.

Meine Farben der Trauer

Meiner schwarzen Trauer Geierrabe
hat einen Schnabel aus Stahl:
Hackt mir die Augen aus.
Frißt mir das Herz aus dem Leib.
Schluckt meinen Namen.

Meiner grauen Trauer Nebelkrähe
hat fahle Federn:
Hüllt mich in aschenes Tuch –
Lauf' ich mit staubigem Schuh –
Schlaf und vergiß –

Meiner weißen Trauer Silbermöwe
hat perlmuttene Flügel:
Fliegt über den Totenfluß.
Findet Dich im Osterlicht.
Lacht, weil Du lebst.

Ich bin Synnie

Sabine Feicht-Schneidereit

Eines Abends saßen wir, mein Mann und ich, in seiner Dekowerkstatt und schnitten mit dem Messer Buchstaben aus. Damals machte man das noch nicht per Schneidplotter, sondern per Hand. Ich hatte gerade ein großes orangefarbenes G vor mir und sagte so vor mich hin: »Endlich mal ein Buchstabe, der meinem Farbempfinden entspricht.« Mein Mann fragte: »Wie bitte?« Ich wiederholte meinen Satz und musste nun genau erklären, was ich damit meinte. Zu diesem Zeitpunkt wurde mir zum ersten Mal klar, dass andere Menschen keine Farbzuordnung zu Buchstaben und Zahlen haben und dass es etwas Besonderes ist.

Nun muss ich erst einmal erklären, worum es geht: Vor meinem geistigen Auge, so, als wenn wir im Traum eine Farbe sehen, hat jeder meiner Buchstaben und meiner Ziffern eine bestimmte Farbe, die immer gleich ist, nur bei vereinzelten Buchstaben changiert. Auch die Farben großer Buchstaben unterscheiden sich von den Farben der kleinen Buchstaben. Namen und Wochentage werden von der Farbe der Anfangsbuchstaben beeinflusst: Der eine hat einen hellen Namen und der andere eine dunkle Telefonnummer. Das Wochenende erscheint sonnig gelb, da das S wie Samstag und Sonntag die Wochentage gelb einfärbt.

Beim Anblick bunter Buchstaben, die nicht die von mir persönlich zugeordnete Farbgebung haben, erlebe ich ein unangenehmes Gefühl, wie Missfallen oder Ekel. Angenehm empfinde ich hingegen Buchstaben, die zutreffend der Farbe meiner Vorstellung entsprechen.

Ich werde oft gefragt, ob ich lange Texte farbig sehe und die ganze Seite bunt sei beim Lesen. Nein, das nicht, aber wenn ein einzelnes Wort, z.B. die Überschrift eines Kapitels, allein dasteht, ist sofort auch die Farbgebung da. Tabellen und Listen durchsuche ich, indem ich nach der Farbe des Anfangsbuchstaben suche, nicht nach der Form, so geht das für mich einfacher und auch schneller. Daten aus der Geschichte, Geburtstage und Telefonnummern merke ich mir mit der Unterstützung der zugeordneten Farbe.

Ich empfinde meine Synästhesie als Bereicherung meines Lebens, eine Belastung ist sie nie gewesen und wird sie auch jetzt nicht werden, wo ich weiß, dass ich »anders« bin.

Farbenhören als künstlerische Herausforderung

Matthias Waldeck

Wassily Kandinsky erinnerte sich in seinen *Rückblicken* an eine Aufführung von Wagners *Lohengrin* in Moskau: »Lohengrin schien mir aber eine vollkommene Verwirklichung dieses Moskau zu sein. Die Geigen, die tiefen Basstöne und ganz besonders die Blasinstrumente verkörperten damals für mich die ganze Kraft der Vorabendstunde. Ich sah alle meine Farben im Geiste, sie standen vor meinen Augen. Wilde, fast tolle Linien zeichneten sich vor mir. Ich traute mich nicht den Ausdruck zu gebrauchen, dass Wagner musikalisch ›meine Stunde‹ gemalt hatte«.

Wagner war es auch, der mich aus meiner inneren Ruhe riss. Aber da ich ihn nicht mag, hatte ich diese Tatsache völlig vergessen und in Erinnerung an diese denkwürdige Musikstunde blieb nur die grüne Linie übrig.

»Moderne Musik«, Jürgen Langehain, unser Musiklehrer, hielt die Platte hoch. »Als Einführung hört ihr Wagner«, betätigte den Plattenspieler und Sekunden später stand das Vorspiel zu *Rheingold* im Klassenzimmer. Die wenigen, eher ruhigen Takte der Musik verklangen. Herr Langehain fragte nach unseren Eindrücken. Von »weiß nicht« bis zu Landschaftsschilderungen ging die Spannbreite der Antworten meiner Mitschüler. Ich erzählte von bunten Linien, vorwiegend in braun und gelb, die an der Tafel vorbeizogen. Alle schauten mich erstaunt mit großen Augen an, einige kicherten. »Ja«, wiederholte ich, »braune, gelbe und rote Linien.«

Herr Langehain kam auf mich zu und sprach von Farbenhören. Noch nie davon gehört. Völlig perplex lauschte ich seinen Ausführungen. Ich solle das an die Tafel malen. Ohne farbige Kreide, ein bisschen schwierig. Nach mehrmaligem Abspielen des Vorspiels gelang es mir, mit Beschriften einzelner Linien meinen Mitschülern einen ersten, sehr vagen Eindruck meines neuen Hörens zu vermitteln.

Eine andere Platte, neue elektronische Musik von der Gruppe Tangerine Dream, erklang. Völlig verblüfft nahm ich eine grüne Linie wahr. Auch sie schwebte wie die anderen Farben zwischen der Tafel und dem Fenster. Beeindruckend, zum ersten Mal eine grüne Empfindung. Woran das lag, konnte ich mir zuerst nicht erklären. Die neuartigen reinen Synthesizerklänge vielleicht? Dieses Problem solle ich mit einem Referat zur nächsten Stunde lösen, meinte Herr Langehain. Stundenlang suchte ich in Fachbüchern nach dem Begriff Farbenhören. In einem Musiklexikon fand ich endlich unter dem griechischen Begriff Synästhesie brauchbare Erklärungen für mein Referat. »Gleichzeitiges Empfinden von zwei verschiedenen Eindrücken bei Reizung eines Sinnesorgans« stand dort geschrieben. Diese, für mich historische, Musikstunde blieb natürlich nicht ohne Folgen. Meine bis dahin ziemlich gefestigte, knapp neunzehnjährige Weltanschauung hatte einen gehörigen Knacks bekommen. Was sollte bei mir anders sein, wenn ich höre? Für mich war das alles normal, für meine Mitmenschen wohl nicht.

Natürlich hatte sich jetzt etwas verändert. Die alte Brille, die nur verschwommen ein Haus abbildete, wurde durch eine neue, bessere ersetzt. Verdutzt und dann erstaunt sah man ein scheinbar völlig neues Gebäude. Der unerwartete Detailreichtum schaffte aber Probleme. Wo sollte man zuerst hinschauen bzw. hinhören?

Die Musikstücke sahen immer noch vertraut aus, Veränderungen in der Grundstruktur waren nicht feststellbar: Das Klavier hat immer noch seinen roten Klang, die Blechblasinstrumente sind gelb, Geige hellbraun, Bass dunkelbraun, Schlagzeug weiß bis schwarz, Gitarre gelb, Flöte hellrot, Saxophon grau, Klarinette lila, Fagott violett, Oboe orange, das Akkordeon rosa bis dunkelviolett. Nur grün und blau kamen neu hinzu. Die Erklärung: wenn elektronische Musik erklingt, erweitert sich das Farbenspektrum in den blaugrünen Bereich. Dies gilt aber nur für Klänge, die rein elektronischer Natur sind. Werden normale Instrumente imitiert, gehen die Farben in den gelbroten Bereich über.

Bald stellte ich fest: Farbenhören beeinträchtigt mein normales Sehen nicht. Meine äußere Umwelt erblicke ich weder durch einen farbigen Schleier, noch vermischen sich diese bunten Eindrücke mit dem realen Bild. Eine Empfindung, die ständig, unabhängig von Emotionen, vor meinen inneren Augen präsent ist. Ihre Stärke liegt zwischen den blassfarbigen Bildern der Erinnerung und den Farben des normalen Sehens.

Neben der Farbigkeit dieser Eindrücke erkannte ich in den folgenden Monaten meines jetzt synästhetischen Lebens immer mehr Details. Irgendetwas davon festzuhalten schien jedoch unmöglich zu sein. Zu viele Eindrücke mussten gleichzeitig bewusst verarbeitet werden. Malerisch, als Unterstützung, etwas zu Papier zu bringen, scheiterte zunächst ebenfalls. Die Musik war für ein synchronisiertes Zeichnen zu schnell. Der rote Klavierton war noch nicht zu Ende gemalt, da erklang auch schon die Trompete. Sinnlos, weiter zu zeichnen. Das Problem hatte mich aber gepackt, irgendwann sollte es doch möglich sein, ein vernünftiges Bild von einem Musikstück zu malen. Aber dies dauerte noch einige Jahre, in denen mein innerer Blick in Bezug auf die Synästhesie immer mehr fokussierte.

Plötzlich tauchten die Geräusche auf. Na klar, wie konnte ich die überhören bzw. übersehen? Eine völlig graue Welt erschien vor mir. Die Farbigkeit schimmerte nur bei musikähnlichen Klängen ein wenig durch (S. 61). Bald erkannte ich, ich projiziere die Wahrnehmungen auf einen inneren Monitor, der meinen Kopf wie eine Kugel umgibt. Die Richtung des Tones bestimmt auch die Richtung des Bildes auf dem Monitor. Erklingt hinter mir Musik, sehe ich sie auch auf dem hinteren Teil des inneren Bildschirms. Kommt von unten rechts ein Geräusch, steht es auch unten rechts. Die Größe meiner Empfindung hängt von der Lautstärke ab. Sie variiert von der Briefmarkengröße bei leisen Tönen bis hin zu den Ausmaßen einer Kinoleinwand bei Live-Konzerten.

Ungefähr 30 Zentimeter bei normaler bis etwa fünf Meter bei sehr starker Lautstärke ist dieser Monitor vor meinem Kopf platziert. Höre ich über Kopfhörer Musik, sehe ich die Töne in meinem Inneren. Bei lauten, nahen Schallquellen rücken die Empfindungen bei Beibehaltung ihrer Größe ganz dicht an meinen Kopf heran.

Obwohl dieser innere Monitor als Kugel meinen Kopf umgibt, kann ich ständig nur einen kleinen Teil erfassen. Wie beim normalen Sehen fixiere ich innerlich den Bereich, dem ich akustisch meine Aufmerksamkeit widme. Spielt vor mir eine Flöte und gleichzeitig scheppert es hinter mir, schwenkt das Bild von den vorn platzierten hellroten Linien der Flöte sofort zu den hinten ablaufenden Abbildungen des Kraches. Leider kann ich meine synästhetischen Eindrücke bis heute nur begrenzt festhalten. Ungefähr 20 Sekunden überblicke ich den Ablauf eines Musikstückes, dann verdrängen die neuen Klänge dieses Bild und ich kann optisch nur noch ungenau die vorher erklungene Musik wiedergeben. Dieser Mangel an Reproduzierbarkeit synästhetischer Empfindungen wird durch eine Ablage einer bildlichen Zusammenfassung des Musikstücks im Gedächtnis etwas ausgeglichen.

Die Grundstrukturen von zum Beispiel Mozarts *Kleiner Nachtmusik,* verbunden mit einer akustisch markanten Stelle dieses Stückes, werden als Grundstruktur abgespeichert. Erinnere ich mich an diese Komposition, erscheint sofort das synästhetische Pendant.

Dieser zusätzliche Gedächtnisspeicher half mir, erste konkretere Überlegungen anzustellen, um mein Farbenhören malerisch umzusetzen. Etwa sechs Jahre nach Jürgen Langehains Entdeckung entschlüsselten sich langsam diese Grundstrukturen und die zeichnerischen Versuche gewannen bald an Kontur.

Obwohl diese Bemühungen für mich ein Fortschritt waren, kam es immer wieder zu Irritationen. Mit Linien allein schien es nicht getan. Ich bemerkte beim Betrachten der Zeichnungen, das noch einiges fehlte. Langsam dämmerte mir, mein Farbenhören hat dreidimensionalen Charakter. Jedes Instrument oder Geräusch besitzt neben einer Farbe oder einem Grauwert auch eine Form. Diese erstaunliche und zugleich erfreuliche Entdeckung bereitete mir aber zuerst erhebliche Schwierigkeiten. Die dritte Dimension ließ sich noch schlechter erfassen. Ein Mittel, dem entgegenzuwirken: andere Maltechniken. Meine ersten Versuche mit Ölfarben brachten mich bald weiter. Die ersten Schritte, die neue Erkenntnis umzusetzen, waren zwar sehr mühsam, mit der Spachteltechnik aber gelang es mir, der Tiefe meiner inneren Bilder auf der Leinwand einen Schritt näher zu kommen. Beim Auftragen der Ölfarbe durch den Spachtel erschlossen sich die Strukturen am besten. Eine Resonanz mit den Bildern entstand.

Um aber diese Resonanz aufrechtzuerhalten, braucht man das berühmte Salz in der Suppe. Deshalb begnügte ich mich nicht allein auf die rein protokollarischen Ausführungen der synästhetischen Empfindungen. Ein Streichquartett zum Beispiel malerisch umgesetzt, ergäbe ein Motiv nur in Brauntönen, für mich ziemlich langweilig. Deshalb kamen zusätzliche Farbelemente mit ins Bild, ohne aber die Grundaussage zu verfälschen. Durch den direkten Vergleich mit den gemalten Flächen und Linien (die oben erwähnte Resonanz) kristallisierten sich die inneren Formen immer besser heraus. Ich merkte bald, dass die Melodiestimme, egal von welchem Instrument gespielt, stets im Vordergrund steht. Die Konzentration auf die Vordergrundstimme ermöglicht mir erstmals einzelne Linien deutlicher hervortreten zu lassen. Die Formen direkt zu erfassen blieb mir aber weiterhin versagt. Zu schnell änderte sich die Musik.

Im Laufe der Zeit ließen sich immer mehr Instrumente detailgetreuer darstellen. Einerseits ein Prozess, den ich ja begrüßte, andererseits kam es wieder zu Irritationen bei der malerischen Umsetzung. Warum ich nicht weiterkam blieb mir einige Zeit ein Rätsel. Allmählich dämmerte es mir, wo das Problem lag. Unbewusst hatte ich die volle Ausdehnung der Dreidimensionalität meiner inneren Farbenwelt erfasst. Worin lagen diese Schwierigkeiten? Die Linien überlagern sich nicht! Die Melodiestimme im Vordergrund kreuzt zwar die Begleitstimmen, verdeckt sie aber nicht. Doch keine Dreidimensionalität oder eine aus gläsernen Formen? Diese Transparenz bereitete mir arges Kopfzerbrechen.

Auch der Raum selber, mein innerer Monitor, wirft bis heute einige ungelöste Fragen auf. Die Farben werden vor einem dunklen Hintergrund gesehen. Welche Farbigkeit dieser hat, kann ich auch heute, fast

25 Jahre nach der synästhetischen Entdeckung, nicht beantworten. Es muss wohl eine virtuelle, in der Natur nicht vorkommende Farbe sein.

Die Größe des Raumes, seitlich durch die Lautstärke bestimmt, in der Tiefe jedoch anscheinend endlos lang, ist ein weiteres ungelöstes Problem. Oft drängt sich mir der Vergleich mit dem nächtlichen Blick in den sternenklaren Himmel auf. Anstatt der Sterne ziehen farbige Linien und Flächen an meinem Auge vorbei, ein Eindruck, der meine innere Welt am besten wiedergibt.

Mit den als »Schichtungen« bezeichneten Bildern kam ich der empfundenen Dreidimensionalität ein wenig näher. Zuerst versuchte ich durch Tuschzeichnungen, dieser Transparenz auf die Spur zu kommen. Der nächste Schritt, durch collageartiges Übereinanderlegen von mit Öl getränktem Papier, jedes einzelne zusätzlich mit einem lasierenden Farbauftrag versehen, näherte ich mich dieser Durchsichtigkeit.

Die Beschäftigung mit der Collagetechnik brachte mich weiter. Es stellte sich heraus, es lag keine Durchsichtigkeit vor, sondern die Dreidimensionalität hatte kubistische Züge. Die Formen und Linien lagen eindeutig hintereinander, eine Perspektive ließ sich jedoch nicht ausmachen.

Es drängt sich eine etwas erhöhte Sicht auf, sie wäre aber auch aus der Froschperspektive oder von der Seite möglich. Verwirrend, ein Raumgefüge, das sich der natürlichen Empfindung widersetzt, bleibt auch heute noch für mich unbegreiflich, eine Art vierte Dimension vielleicht. Diese Perspektivlosigkeit, nicht zu wissen wo sich oben und unten befindet, nahm ich zunächst als Rückschlag in meinen Bemühungen hin, die inneren Wahrnehmungen beim Musikhören noch besser zu visualisieren.

Mitte der achtziger Jahre stand ich zum ersten Mal am Ufer der Ostsee. Die vielfältigen Farbstimmungen des Meeres und der Luft, die Nordsee war dagegen eher blaugrau, überraschten mich. Der Blick in die Wellen, mit den turbulenten Gischt- und Schaumkronen, ließ mich auf einmal an die Geräuschformen denken. So müssen Geräusche aussehen, aufgeraute, graue bis weiße Oberflächen. Fasziniert von dieser Vorstellung erstellte ich gleich vor Ort Skizzen und fotografierte die

Meeresstimmungen. Klarer sah ich nun die Vorgänge auf meinem inneren Monitor. Eine Serie von Ostseebildern entstand. Ostsee, nicht als Landschaftserlebnis, sondern in mikroskopisch kleinen Ausschnitten bewegter See, zigfach vergrößert, bilden den Inhalt dieser Sequenz. Auch hier, mit der oben erwähnten übermalten Collagetechnik versehen, sollen die Bilder Oberflächenstrukturen verdeutlichen, wie sie auf den Geräuschformen zu finden sind (S. 62).

Der erste Schritt in Richtung Formbestimmung war zwar getan, trotzdem fiel es mir weiterhin schwer, weitere Details, vor allem bei musikalischen Tönen, zu erkennen. Die Schnelligkeit der Musik verhindert bis heute eine auch nur sich annähernde synchrone Malweise. Diesem Manko versuchte ich durch weiteres Experimentieren mit Collagetechniken zu begegnen.

Der endgültige Durchbruch, die Formen besser bestimmen zu können, gelang mir 1989 beim Betrachten der Gemälde von Jere Allen im Kunstkreis Hameln. Seine großformatigen Porträts lösten sich bei näherer Betrachtung in wahre Farborgien auf. Kleine Welten entstanden. Auf einmal wurde mir klar, wie die gelbe Linie eines Trompetentons auszusehen hat, schmal und bei großen Tonsprüngen bleibt sie rund. Ecken und Kanten gibt es in meiner synästhetischen Welt nicht.

Die Gemälde untersuchte ich nach geeigneten Ausschnitten, um sie im Verhältnis 1:1 zu fotografieren. Die ursprüngliche Intention, eine einzige Collage davon anzufertigen, ließ ich fallen. Trotz des enormen Strukturreichtums dieser Ausschnitte, alle zusammengelegt ergaben sie nur ein Chaos. Zu viele Farbigkeiten, Linien und Flächen, die sich gegenseitig störten.

Meine Idee, die Bildinhalte so aneinander zu legen, dass sie unter anderem das Aussehen eines Klaviertons annehmen, schlug fehl. Ich unterteilte deshalb die Fotos in verschiedene Grundfarben, legte die Ausschnitte zu einem Ensemble zusammen und gewann somit durchlaufende Linien oder zusammenhängende Formen.

Durch Verlängern dieser Strukturen, vorwiegend mit Buntstiftfarben, über den Fotorand hinaus erhielt ich den Rhythmus, der den inneren Linien entsprach. Um den Bildern eine Stabilität zu verleihen, zeichnete ich zusätzliche Formelemente, die ich den Fotoausschnitten entnahm, aufs Blatt. Diese Collagen, quasi als Katalysator eingesetzt, schärften mir so stark den Blick für das dreidimensionale Empfinden meiner synästhetischen Eindrücke, dass bald Grundformen deutlich erkennbar waren.

Es stellte sich heraus, die Linien waren nur dann Linien, wenn sie von Blasinstrumenten oder Streichern gespielt wurden. Bei den anderen Instrumenten verwischten die Formen durch die Schnelligkeit der Musik zu einem scheinbar durchgehenden Eindruck. Parallelen zum Film drängten sich auf. Eine Sekunde Film besteht mindestens aus vierundzwanzig Bildern, um fließende Bewegungen darstellen zu können. Der gleiche Effekt tritt auch bei meiner Synästhesie auf.

Am Klavierton versuchte ich diese Gesetzmäßigkeit zu überprüfen. Hierfür suchte ich mir Erik Saties *Gymnopedie Nr. 1* aus. Gleichzeitig sollte dieses Musikstück auch Grundlage für eine Computeranimation sein (S. 27). Ich untersuchte die ersten 30 Sekunden des Stückes, unterteilte die Musik in zwei bis drei Sekundenabstände und nahm diese mehrmals hintereinander auf.

Durch diese Methode konnte ich mich auf wenige Töne konzentrieren. Nach etwa drei Tagen hatte ich die 30 Sekunden ziemlich genau erfasst. Das Ergebnis: Der Klavierton ist eine nach oben geöffnete, hohle rote Halbkugel. Diese Halbkugeln sind als singuläre Erscheinungen bei langsamer Musik deutlich zu erkennen. Bei schnellen Klavierstücken verwischen diese Formen zu einer ruppig aussehenden Linie.

Die Farbe verändert sich in ihrer Helligkeit mit der Tonhöhe. Tiefe Töne erzeugen eine dunkle Schattierung, dunkles Rot z. B. beim Klavierton. Klänge im oberen Bereich der Tonskala haben helle Farben, die bis ins Weiß gehen können. Das Hellbraun einer Geige wird nahe des Obertonbereiches weiß.

Die Dreidimensionalität meines inneren Kosmos trat nun klar hervor. Bei einem groß angelegten Orchester befinden sich Trompete, Flöte und Geige hintereinander im oberen Bereich, Oboe, Saxophon, Gitarre, Harfe, in dieser Reihenfolge, etwas darunter. Das Schlagzeug strahlt nach allen Seiten aus. Im tiefen Bereich sind Violoncello und Posaune, darunter liegen Bass und Tuba. Tritt noch ein Chor hinzu, steht er hinter allen Instrumenten in einer etwas größeren Distanz. Egal welches Instrument die Melodie spielt, es befindet sich immer mittig im Vordergrund.

Anhand dieser Erkenntnisse stellte ich ein Modell her. Ein 30 Sekunden langer Ausschnitt aus dem langsamen Satz des ersten Klavierkonzertes von Schostakowitsch diente als Vorlage. Die Größe des Modells entspricht der Größe des inneren Monitors bei Zimmerlautstärke (S. 28).

Weitere Modelle sollen folgen, besonders der Geräuschbereich bietet noch viele Möglichkeiten. Sie sollen ein weiterer Schritt sein, meinem Ziel, meine synästhetischen Erfahrungen in eine verbesserte Computeranimation umzusetzen, die möglichst nahe an der Echtzeit arbeitet, näher zu kommen.

Merkmale meiner Synästhesie

Akustische Instrumente	Farbe – Form
Klavier	rote, nach oben geöffnete hohle Halbkugel
Querflöte	karminroter, etwas angerauter runder Stab
Blockflöte	hellroter, glatter runder Stab
Geige	hellbrauner Wollfaden
Cello	brauner, etwas dickerer Wollfaden
Kontrabass	umbrafarbener, noch dickerer Wollfaden
Trompete	gelber runder Stab
Posaune	dunkelgelber, etwas aufgerauter runder Stab
Tuba	gelbbrauner runder Stab
Oboe	orangenfarbiger runder Stab

Akustische Instrumente	Farbe – Form
Klarinette	violetter bis lilafarbiger, etwas dickerer Stab
Fagott	dunkelrostroter dicker runder Stab, bei nicht durchgehendem Ton eiförmig
Saxophon	weißgelber bis hellgrauer, sehr stark aufgerauter runder Stab
Gitarre	honiggelbe, nach unten geöffnete Halbkugel
Harfe	gelbe bis weißgelbe, nach unten geöffnete Halbkugel
Schlagzeug	von schwarzen, großen, nach vorne geöffneten hohlen Halbkugeln (Pauken) bis hin zur einer weißen, styroporähnlichen Fläche (Highhats)
Vibraphon	rote Kugel
Akkordeon	rote bis violette, stark aufgeraute bretterähnliche Flächen
Cembalo	silbergraue Fäden
Orgel	rötlichgelbe bis weißgelbe vorhangähnliche Flächen

elektronische Instrumente	Farbe – Form
elektrische Gitarre	leuchtendroter runder Stab
Hammondorgel	rote bis lila Flächen
Synthesizer	grüne bis blaue Flächen, bei Imitation akustischer Instrumente geht es in den gelbroten Bereich über (s. o.)

elektronische Instrumente	Farbe – Form
Stimme:	Vorwiegend grau mit gelblicher oder rötlicher Färbung, das gesprochene oder gesungene Wort erscheint als graffitiähnliches Gebilde geschrieben im Vordergrund.
Lautstärke:	Je leiser der Ton, desto kleiner, je lauter, desto größer werden die Wahrnehmungen abgebildet.
Tonhöhe:	Bei tiefen Tönen wird die Form größer und die Farbe dunkler, bei hohen Tönen ist es umgekehrt. Da es sich um eine Notationssynästhesie handelt, ähnelt der Ablauf dem eines Notenbildes.
Position:	Die Melodiestimme steht immer im Vordergrund. Die Blechbläser stehen dahinter (oben Trompeten, unten Posaunen, Tuben). Danach folgen die Holzblasinstrumente (oben Flöten, Oboen, unten Saxophon, Fagott). Dahinter nimmt das Schlagzeug die Position ein (oben Highhats bis hinunter zur Pauke), gefolgt von den Streichern (oben Geigen, unten Celli, Bässe). Den Abschluss bildet der Chor, der in der Mitte steht. Hall verschiebt die Positionen noch weiter nach hinten.
Erscheinungsbild:	Das Bild wird auf einen inneren Monitor projiziert, der wie eine Kugel um meinen Kopf angebracht ist. Bei Zimmerlautstärke ist er etwa 30 Zentimeter von meinem Kopf entfernt. Das Bild wandert mit der Tonrichtung. Kommt der Laut von hinten, empfinde ich das Bild auch hinter meinem Kopf. Höre ich Musik von unten rechts, stehtdas Bild auch unten rechts. Die Größe der Abbildung schwankt zwischen einer Briefmarke bei leisen Tönen und einer Kinoleinwand bei Live-Konzerten.

Ich sehe immer etwas

Sabine Widal

Sich hinzusetzen und einen Buchbeitrag zu schreiben ist nicht einfach. Erst recht nicht über das Gebiet Synästhesie. Das Schreckgespenst und die Sorge des NICHT-VERSTANDEN-WERDENS geistert dabei ständig im Kopf herum. Das habe ich als Synästhetikerin schon mehr als oft kennen gelernt. Aber irgendwann im Leben kommt der Punkt, an dem man ganz besonders über sich nachdenkt. Besonders, wenn man vor einer Blume steht und meint, sie fast hören zu können. Blumen kann man doch eigentlich nicht hören – also kommt man unweigerlich ins Nachdenken. Entweder ignoriert man den Vorfall oder man zieht mal eine gute Freundin ins Gespräch. Ja, und überhaupt die Empfindungen. Immer habe ich besonders tief mitempfunden, ich bin deshalb schon früh als »hypersensibel« belächelt worden, hatte schon ganz früh »eine lebhafte Phantasie«. Dank meiner Eltern konnte ich meine »lebhafte« Seite jedoch auch ausleben. Das war ja keine Schande. Es gibt ja die Kunst und die Musik. Gefühle und Musik durfte ich im Ballett in Szene setzen, Gedanken und Ideen in Farbe auf die Leinwand malen beim Bühnenbildgestalten in der Theater-AG.

»Heller Glockenklang« …

Das Glockenspiel habe ich mir irgendwann auch gewünscht. Wegen des tollen Klanges und wegen der silbernen Kleckse, die sich in meinem Kopf bis zum gleißenden Silber entwickeln konnten. Das war so, als sähe man (wie beim Träumen) auf einem inneren Monitor gleichzeitig einen Klecks von einem bestimmten Ton. Manchmal gab es allerdings davon auch Kopfschmerzen. Dass andere Kinder das nicht hatten, habe ich nicht gemerkt. Auch nicht danach gefragt. Es war ja selbstverständlich. Ebenso die farbigen, schillernden Zahlen und die Wochentage und Jahreszeiten, die zusätzlich noch einen dreidimensionalen Ablauf haben. Ja, manchmal habe ich mich schon gefragt, warum der Dienstag gelblich ist und der Freitag schwarz. Die Farben gefielen mir eigentlich gar nicht, die waren aber immer so, auch wenn ich sie mir nicht ausgesucht habe.

Das Leben stinkt ...

Das Riechen und Schmecken war ein besonders heikles Problem. Ich konnte sehr gut riechen und auch riechkomponieren sowie Gerüche auseinander riechen. Wenn ich dann versuchte, meine Gerüche und Geschmackseindrücke zu beschreiben, merkte ich oft, dass mir keiner folgen konnte. Dabei benutzte ich meistens bildhafte Darstellungen. Aber schon wenn ich Muttern beim Kochen sagte: »Ich brauche nie abzuschmecken – ich rieche doch, wenn noch was fehlt!« Oh je, das hat mir immer ein ungläubiges Lächeln eingebracht. Und über meine Schwangerschaft, in der sich Gerüche ja bekanntlich intensivieren, erzähle ich lieber nicht viel. Ich sage nur: Das Leben stinkt in all seiner Vielfalt, und zwar gewaltig. So bekommt man zum Beispiel auch mit, wann der erste Frühlingshauch unterwegs ist oder wann der Herbst einsetzt. Die Luft riecht dann entsprechend anders.

Der Süden ist süß ...

Bleibt noch zu erwähnen, dass die Himmelsrichtungen auch gehörig mit Synästhesie behaftet sind. Der Norden ist taubenbläulich, Osten ist kühl und weißlich, Westen ist bräunlich und Süden ist rötlich und schmeckt sogar. Er schmeckt süßlich. Das Wort süß schmeckt mir nicht, aber der Süden. Ich vermute, dass es mit den farbigen Buchstaben zu tun hat. Mein S ist rötlich, das O weißlich, das W bräunlich, also bekommt das ganze Wort dann unter Umständen eine entsprechende Nuancierung.

Man sage das mal einem Nicht-Synäs-thetiker und warte auf die Reaktion. Bei Musikempfindungen, die bei mir zum Beispiel Farben hervorriefen, hieß es dann: »Ach du spinnst. Jetzt übertreibst du!« Ich sah immer was. So zum Beispiel auch im Film *Waterworld*. Da gibt es eine Szene, in der Kevin Costner einem kleinen Mädchen das Schwimmen beibringt. Schwimmen beibringen ist an sich nichts Besonderes. Aber mit der zweiminütigen Filmmusik, die einem sprichwörtlich Lichtreflexe und Silberkleckse und türkisfarbene nadelförmige Töne im Kopf hervorzaubert und wachsende und fallende Gefühlswallungen im Bauch verursacht, ist das Kino ein erstaunliches Erlebnis. Auch die Blautöne ließen das ganze Szenario als Erlebnis ganz intensiv erscheinen. Jedenfalls für mich. Leben – das tue ich ganz intensiv und ich möchte meine Anlagen nicht missen. Aber schließlich musste ich 36 Jahre alt werden, um sie als »normal« zu akzeptieren. Schade ist nur, dass ich vieles nicht mit meinen Mitmenschen teilen kann, und deshalb bin ich froh, nun so viele andere Synästhetiker gefunden zu haben. Das bedeutet: Man kann sich wunderbar austauschen und hat meistens viel Verständnis füreinander – kann vieles sofort nachvollziehen. Der eine sieht's, der andere fühlt's! Jedenfalls haben beide eine Sache schon mal bemerkt. Und das verbindet auf jeden Fall.

ANHANG

Register

Literatur

Armel, K. C., Ramachandran, V.S. (1999) Acquired synesthesia in retinitis pigmentosa. Neu-rocase 5:293–296

Baron-Cohen, S., Wyke, M. A., Binnie, C. (1987) Hearing words and seeing colours: an ex-perimental investigation of a case of synaesthesia. Perception 16(6):761–767Ba-ron-Cohen, S., Harrison, J. E., Goldstein, L. H., Wyke, M. (1993) Coloured speech percep-tion: is synaesthesia what happens when modularity breaks down? Perception 22:419–426

Baron-Cohen, S., Burt, L., Smith-Laittan, F., Harrison, J., Bolton, P. (1996) Synaesthesia: pre-valence and familiarity. Perception 25(9):1073–1079

Brauchli, C., Elmer, S., Rogenmoser, L., Burkhard, A., Jänke, L. (2018) Top-down signal transmission and global hyperconnectivity in auditory-visual synesthesia: Evidence from a functional EEG resting-state study. Human Brain Mapp 39(1): 522–531

Brogaard B. (2013) Serotonergic hyperactivity as a potential factor in developmental, acquired and drug-induced synesthesia. Front Hum Neurosci https://doi.org/10.3389/fnhum.2013.00657

Carter, R. (2019) Das Gehirn: Anatomie, Sinneswahrnehmung, Gedächtnis, Bewusstsein, Störungen. Verlag Dorling Kindersley, London

Cytowic, R. E. (1989) Synesthesia: A union of senses. Springer Verlag, New York

Cytowic, R. E. (1995) Synesthesia: Phenomenology and neuropsychology. A review of current knowledge. Psyche 2(10):1-17 (http://psyche.cs.monash.edu.au/v2/psyche-2-10-cytowic.html)

Cytowic, R. E. (1996) Farben hören, Töne schmecken. Originalausgabe: The Man who tasted Shapes. dtv, München

Cytowic, R. E. (2002a) Wahrnehmungs-Synästhesie. In: Adler, H. & Zeuch, V.(Hrsg.) Synästhesie, Interferenz-Transfer-Synthese der Sinne, 7–24

Cytowic, R. E. (2002b) Synesthesia: a union of the senses. Cambridge, Mass., MIT Press

Domino, G (2009) Synesthesia and creativity in fina arts students: An empirical look. Creativity Res J 2: 17–29

Emrich, H. M. (1990) Psychiatrische Anthropologie. Therapeutische Bedeutung von Phantasiesystemen. Pfeiffer-Verlag, München

Emrich, H. M. (1994) Die Bedeutung des Konstruktivismus für Emotion, Traum und Imagination. In: Neuroworlds. Gehirn-Geist-Kultur. J. Fedrowitz, D. Matejowski & G. Kaiser (Hrsg.). Campus Verlag, Frankfurt/M.

Emrich, H. M., Weber, M., M. Wendl, A., Zihl, J., von Meyer, L., Hanisch, W. (1991) Reduced binocular depth inversion as an indicator of cannabis-induced censorship impairment. Pharmacol. Biochem. Behav. 40 (3): 689-690Glicksohn, J., Salinger, O., Roychman, A. (1992) An exploratory study of syncretic expe-rience: eidetics, synaesthesia and absorption. Perception 21(5):637–642

Görler, R., Wiskott, L., Cheng, S. (2019) Improving sensory representation using episodic memeor. Hippocampus, DOI 10.1002/hippo.23186 Goleman, D. (1995) Emotional Intelligence – Why it can matter more than IQ. Bantam Books, New York

Goller V.I., Leun, J., Otten J.W. (2009) Seeing Sounds and Hearing Colors: An Event-related Potential Study of Auditory–Visual Synesthesia. J Cog Neurosci (10) 1869–1881Gray, J. A., Rawlins, J. N. P. (1986) Comparator and buffer memory: an attempt to integrate two models of hippocampal functions. In: Isaacson, R. L., Pribram, K. H. (Hrsg.). The Hip-pocampus. Plenum, New York

Grossenbacher, P. G. (1997) Perception and sensory information in synaesthetic experience. In: Synaesthesia – Classic and Contemporary Readings, 148–173

Grossenbacher, P. G., Lovelace, C. T. (2001) Mechanisms of synesthesia: cognitive and physiological constraints. Trends Cogn. Sci. 5(1):36–41

Jacobs, L., Karpik, A., Bozian, D., Gothgen, S. (1981) Auditory-visual synesthesia: sound-in-duced photisms. Arch. Neurol. 38(4):211–216

Kant, I. (1974) Kritik der reinen Vernunft. Frankfurt a. M., Suhrkamp

Kennedy, H., Batardiere, A., Dehay, C., Barone, P. (1997) Synaesthesia: Implication for deve-lopmental neurobiology. In: Synaesthesia – Classic and Contemporary Readings, 243–259

Leopold, D. A., Logothetis, N. K. (1996) Activity changes in early visual cortex reflect monkeys' percepts during binocular rivalry. Nature 379 (6565):549–553

Lurija, A. R. (1991) Kleines Porträt eines großen Gedächtnisses. In: Der Mann, dessen Welt in Scherben ging. Rowohlt Verlag, Reinbek

Maelicke, A. (Hrsg.) (1990) Vom Reiz der Sinne. VCH Verlag, Weinheim

Maurer, D. (1997) Neonatal synaesthesia: implications for processing of speech and faces. In: Synaesthesia – Classic and Contemporary Readings, 224-243

Maurer, D. (2013) Synesthesia in infants and very young children. In: Simner, J., Hubbard, E.M. (Hrsg.) The Oxford Handbook of Synesthesia. Oxford University Press, New York, 46–63

Meltzoff, A. N., Borton, R. W. (1979) Intermodal matching by human neonates. Nature 282:403–404

Mishkin, M., Lewis, M. E., Ungerleider, L. G. (1982) Equivalence of parieto-preoccipital sub-areas for visuospatial ability in monkeys. Behav. Brain Res. 6(1):41–55

Paulesu, E., Harrison, J., Baron-Cohen, S., Watson, J. D., Goldstein, L., Heather, J., Fracko-wiak, R. S., Frith, C. D. (1995) The physiology of coloured hearing. A PET activation study of colour-word synaesthesia. Brain 118 (Pt 3):661–676

Pauli, W. (1992) Ein Briefwechsel: 1932 – 1958/Wolfgang Pauli und C. G. Jung. Hrsg. von C. A. Meier. Springer Verlag, Heidelberg, Berlin

Perani, D., Gilardi, M. C., Cappa, S. F., Fazio, F. (1992) PET studies of cognitive functions: a review. J. Nucl. Biol. Med. 36:324–336

Ramachandran, V.S., Hubbard, E.M. (2003) Hearing colors, tasting shapes. Sci Am 288 (5): 52-59Rock, I. (1998) Wahrnehmung: vom visuellen Reiz zum Sehen und Erkennen. Spektrum Akademischer Verlag, Heidelberg, Berlin

Roth, G. (1994) Das Gehirn und seine Wirklichkeit. Suhrkamp, Frankfurt/M.

Rothen, N., Meier, B. (2010) Higher Prevalence of synaesthesia in art students. Perception 39: 718–720

Rouw, R., Scholte H.S. (2007) Increased structural connectivity in graphem-color synesthesia. Nature Neuroscience (10) 792-797Schiltz, K., Trocha, K., Wieringa, B. M., Emrich, H. M., Jones, S., Munte, T. F. (1999) Neu-rophysiological aspects of synesthetic experience. J. Neuropsychiatry Clin. Neurosci. 11(1):58–65

Schiltz, K., Trocha, K., Wieringa, B. M., Emrich, H. M., Johannes, S., Munte, T. F. (1998) Elektrophysiologische Befunde bei der Synästhesie. Klin. Neurophysiol. 29:29–36

Segal, M. A. (1997) Synaesthesia: implications for modularity of mind. In: Synaesthesia -Classic and Contemporary Readings, 211–224

SimnerJ., Hubbard, E.M. (2013) Synesthesia in school-aged children. In: Simner, J., Hubbard, E.M. (Hrsg.) The Oxford Handbook of Synesthesia. Oxford University Press, New York, 64–82

Spector, F., Maurer, D. (2009) Synesthesia: A new approach to understanding the development of perception. Psychology of Consciousness: Theory, Research, and Practice, 1(S), 108–129.https://doi.org/10.1037/2326-5523.1.S.108

Staadt, R., Philipp, S.T., Cremers, J.L., Kornmeier, J., Jancke, D. (2020) Perception of the difference between past and present stimulus: A rare orientation illusion may indicate incidental acess to prediction error-like signals. PLOS ONE, 15(5), e0232349Stern, D. N. (1992) Die Lebenserfahrung des Säuglings, Originalausgabe: The Interpersonal

World of the Infant. Klett-Cotta, Stuttgart

Tilot, A. T., Kucera, K. S., Vino, A., Asher j. E., Baron-Cohen, S., Fisher S. E. (2018) Rare variants in axogenesis genes connect thre families with sound-color synesthesia. Proc Natl Acad Sci USA 20; 115(12):3168-3173. doi: 10.1073/pnas.1715492115

Tomson, S. N., Avidan, N., Lee, K., Sarma, A. K., Tushe, R., Milewicz, D. M., Bray, M., Leal, S. M., &

Eagleman, D. M. (2011). The genetics of colored sequence synesthesia: suggestive evidence of linkage to 16q and genetic heterogeneity for the condition. Behavioural brain research, 223(1), 48–52. https://doi.org/10.1016/j.bbr.2011.03.071

Tomson, S.N., Narayan M., Allen G., I., Eagleman D.M. (2013) Neural networks of colored sequence synesthesia. J of Neurosci 33 (35) 14098-14106; DOI: https://doi.org/10.1523/JNEUROSCI.5131-12.2013

Tulving, E., Markowitsch, H. J., Craik, F. I. M., Habib, R., Houle, S. (1996): Novelty and familiarity activations in PET studies of memory encoding and retrieval. Cereb. Cortex 6:71–79

Ward, J., Thompson-Lake, D., Ely, R., Kaminski F. (2008) Synaesthesia, creativity and art: What is the link. British J Psychol 99: 127–141

Zedler, M., Rehme, M. (2013) Synesthesia: a psychosocial approach. In: Simner, J., Hubbard, E.M. (Hrsg.) The Oxford Handbook of Synesthesia. Oxford University Press, New York, 459–472

Zeki, S. (1993) A vision of the brain. Blackwell Scientific Publishers, Oxford

Zeki, S., Marini, L. (1998) Three cortical stages of colour processing in the human brain. Brain 121(Pt 9):1669–1685